CW00350700

究極の中華テイクアウト料理本

お気に入りのテイクアウト中華料理を自宅で再現するのに役立つ、美しい色の画像付きの食欲をそそる 100 のレシピ

聡太郎 坂本

目次

序章

中華料理のテイクアウトは、自宅までお届けできる手軽なメニューとして人気です。

自宅でテイクアウト は、お気に入りのテイクアウト中華料理の本格的でわかりやすいレシピを提供する包括的な中華料理本です。スパイシーな四川料理のファンでも、風味豊かな広東料理を渇望している人でも、この料理本にはすべてが揃っています。

この料理本には、前菜、メインディッシュ、スープ、デザートなど、さまざまな中華料理の食欲をそそるレシピが 100 件掲載されています。各レシピは理解しやすく、詳細な手順に加えて、使用される材料と中華料理におけるそれらの文化的重要性に関する情報も含まれています。

料理がさらに楽しくなる 100 レシピは、それぞれ美しいカラーの画像付き。100 枚のカラー写真（レシピごとに 1 枚）があり、お気に入りのテイクアウト中華料理を自宅で簡単に再現できます。

中華料理の初心者でも、経験豊富なシェフでも、『**自宅でテイクアウト**』はあなたにとって完璧な料理本です。本格的なレシピとわかりやすい手順で、ご自宅でお気に入りの中華料理をお楽しみいただけます。

味を損なうことなく、食品に含まれる各成分を理解しながら、同じかそれ以上の品質の食事をわずかなコストで作ることができたらどうでしょうか？ それは勝利の組み合わせのように聞こえますが、この中華テイクアウトレシピ本はその約束を果たしています。

1. 甘酸っぱいチキン

生産数: 8

材料：

● パイナップルチャンク 1 缶（8 オンス）、水切り（果汁は取っておきます）

● コーンスターチ 1/4 カップ

● 水 1¾カップ（分割）

● 白砂糖 ¾カップ

● 蒸留白酢 1/2 カップ

● オレンジ色の食用色素 2 滴

● 皮なし、骨なしの鶏の胸肉半分、立方体 8 個

● セルフライジングフラワー 2 1/4 カップ

● 植物油 大さじ 2

● コーンスターチ 大さじ 2

● 塩 小さじ 1/2

● 挽いた白コショウ 小さじ 1/4

● 卵 1 個

● 水 1 1/2 カップ

● 揚げ物用植物油 1 クォート

● ピーマン 2 個、1 インチの大きさに切る

手順：

a) フライパンに、1 1/2 カップの水と酢、パイナップルジュース、砂糖、オレンジ色の食品着色料を加えます。火を止めて沸騰するまで煮ます。

b) 次に、コーンスターチ 1/4 カップと水 1/4 カップを混ぜ合わせ、絶えずかき混ぜながらフライパンに注ぎます。脇に置きます。

c) ボウルに小麦粉、コーンスターチ大さじ 2、卵、油大さじ 2、塩水、白コショウを入れます。よく混ぜます。

d) この生地に鶏肉を加えてかき混ぜます。

e) フライパンに油を熱し、鶏肉を入れ、きつね色になるまで炒める。

f) ピーマンとパイナップルの塊を皿に移し、ホットソースを注ぎます。

2. ネギケーキ

生産数: 8

材料：

● パン粉　3 カップ

● 熱湯　1 1/4　カップ

● 植物油　大さじ 2

● 塩とコショウの味

● ネギ　1　束（みじん切り）

● 植物油　小さじ 2

手順：

a) ボウルに小麦粉と水を加えて生地をこね、ビニールシートで覆います。30 分間放置します。

b) 生地を 16 等分し、それぞれを 1/4 インチの厚さのシートに伸ばします。

c) 油を刷毛で塗り、塩、こしょうで味を調えます。

d) ネギ大さじ 1 を加えて葉巻風に巻きます。

e) 再び 1/4 インチのシートに伸ばします。

f) フライパンに油を熱し、各ケーキを両面がきつね色になるまで焼きます。

g) 提供してお楽しみください。

3. クンパオチキン

製造数: 4

材料：

- 皮なし、骨なしの鶏胸肉半分、立方体　1　ポンド
- 白ワイン　大さじ 2
- 醤油　大さじ 2
- ごま油　大さじ 2（割る）
- コーンスターチ　大さじ 2、水大さじ 2 に溶かす
- 1 オンスのホットチリペースト
- 蒸留白酢　小さじ 1
- ブラウンシュガー　小さじ 2
- ねぎ 4 個（みじん切り）
- みじん切りニンニク　大さじ 1
- ウォーターチェスナッツ 1 缶 (8 オンス)
- 4 オンスの刻んだピーナッツ

手順：

a) ボウルに醤油大さじ 1、油、ワイン大さじ 1、コーンスターチを入れてよく混ぜます。

b) 鶏肉を加えて混ぜ合わせます。

c) 蓋をして冷蔵庫に 30 分間置きます。

d) 鍋にワイン大さじ 1、油、醤油大さじ 1、コーンスターチ、玉ねぎ、ヒシ、ピーナッツ、ニンニクを加えます。5〜10 分間調理します。

e) 別の鍋に鶏肉を加え、10〜15 分間炒め、ソースに移します。

f) 10〜15 分間煮て火を止めます。

4. 中華スペアリブ

作る：2

材料：

- 海鮮醤　大さじ 3
- ケチャップ　大さじ 1
- 蜂蜜　大さじ 1
- 醤油　大さじ 1
- 酒　大さじ 1
- 米酢　小さじ 1
- レモン汁　小さじ 1
- すりおろした新生姜　小さじ 1
- おろし生ニンニク　小さじ 1/2
- 中国五香粉　小さじ 1/4
- 1 ポンドのポークスペアリブ

手順：

a) ボウルにハチミツ、ケチャップ、醤油、海鮮醤、酒、レモン汁、米酢、生姜、五香粉、にんにくを入れて混ぜます。投げて組み合わせます。

b) この混合物にリブを加え、よくかき混ぜます。冷蔵庫に 2〜3 時間入れます。

c) オーブンを 325 度に予熱します。

d) ブロイラートレイに底が隠れるように水を加えます。ラックをこのラックに置き、リブをこのラックに移してみてください。

e) ラックをオーブンに移します。

f) 黄金色になるまで 40 分間調理します。

g) 熱々でお召し上がりください。

5. 中華風チキンチャーハン

製造数: 4

材料：

- 卵 1 個
- 水　大さじ 1
- バター　大さじ 1
- 植物油　大さじ 1
- 玉ねぎ　1 個（みじん切り）
- 炊きたての白米　2 カップ（冷）
- 醤油　大さじ 2
- 挽いた黒コショウ　小さじ 1
- 調理済みみじん切り鶏肉　1 カップ

手順：

a) ボウルに水と卵を入れてよく混ぜます。

b) フライパンにバターを溶かし、卵混合物を加えて 1〜2 分間調理します。火から下ろした後、切り分けます。

c) 鍋に油を熱し、玉ねぎを 1〜2 分炒める。

d) 鶏肉、醤油、コショウを加えて 5 分間炒めます。

e) 次に、茹でた卵とご飯を加えてよく混ぜ、火を止めます。

f) 仕える。

6. 四川海老

製造数: 4

材料：

- 水 大さじ 4
- ケチャップ 大さじ 2
- 醤油 大さじ 1
- コーンスターチ 小さじ 2
- 蜂蜜 小さじ 1
- 砕いた赤唐辛子 小さじ 1/2
- 生姜すりおろし 小さじ 1/4
- 植物油 大さじ 1
- ネギスライス 1/4 カップ
- ニンニク 4 片（みじん切り）
- 12 オンスの調理済みエビ、尾を取り除いたもの

手順：

a) 容器にケチャップ、水、醤油、ピーマン、はちみつ、生姜、コーンスターチを入れて混ぜます。脇に置きます。

b) フライパンに油を熱し、にんにくを加えて玉ねぎを 1〜2 分炒めます。

c) 次にエビを加えて 5 分間炒めます。

d) ソースを注ぎ、よく混ぜます。

e) 中火で 10〜15 分間、またはソースが泡立つまで煮ます。

7. レストラン風ビーフとブロッコリー

製造数: 4

材料：

● オイスターソース 1/3 カップ

● アジアン（トースト）ごま油 小さじ 2

● シェリー酒 1/3 カップ

● 醤油 小さじ 1

● 白砂糖 小さじ 1

● コーンスターチ 小さじ 1 ¾ポンドの牛肉ラウンドステーキ、1/8 インチの厚さのストリップに切ります

● 植物油 大さじ 3、必要に応じて追加

● 生の生姜の根の薄切り 1 枚

● 皮をむいて潰したニンニク 1 片

● 1 ポンドのブロッコリー、小花に切る

手順：

a) 中くらいのボウルにごま油、砂糖、醤油、コーンスターチ、オイスターソース、シェリー酒を入れてよく混ぜます。

b) ステーキ片を加え、混合物を清潔な手でステーキの上にこすり付けます。冷蔵庫に 30 分間置きます。

c) 鍋に油を熱し、生姜にんにくを 1〜2 分炒める。

d) 生姜にんにくを取り除き、ブロッコリーを加えて 6〜7 分間炒めます。大皿に移し、脇に置きます。

e) 同じ鍋にステーキを加え、柔らかくなるまで調理します。

f) 揚げたブロッコリーを移し、4〜5 分間調理します。

g) 提供してお楽しみください。

8. 一般的なチキン

製造数: 6

材料：

- 揚げ用植物油　4 カップ
- 卵 1 個
- 骨なし、皮なしの鶏もも肉、角切り　1 1/2 ポンド
- 塩　小さじ 1
- 白砂糖　小さじ 1
- ホワイトペッパー　1 つまみ
- コーンスターチ　1 カップ
- 植物油　大さじ 2
- みじん切りネギ　大さじ 3
- ニンニク　1 片（みじん切り）
- 丸ごと乾燥させた赤唐辛子　6 本
- オレンジの皮　1 ストリップ
- 白砂糖　1/2 カップ
- 生姜すりおろし　小さじ 1/4
- チキンスープ　大さじ 3
- 米酢　大さじ 1
- 醤油　1/4 カップ
- ごま油　小さじ 2
- ピーナッツ油　大さじ 2
- コーンスターチ　小さじ 2
- 水　1/4 カップ

手順：

a) ボウルに卵、塩、白コショウ、コーンスターチ 1 カップ、砂糖を入れてよく混ぜます。

b) 鶏肉の角切りを加え、よくかき混ぜます。

c) 鍋に植物油 3 カップを熱し、鶏肉を加え、きつね色になるまで調理します。

d) その後ペーパータオルの上に移し、余分な油を拭き取ります。

e) 鍋に植物油大さじ 2 を入れて加熱し、玉ねぎ、オレンジの皮、唐辛子、にんにくを 1〜2 分間炒めます。

f) 次に、鶏がらスープ、砂糖 1.2 カップ、酢、ごま油、生姜、醤油、ピーナッツ油を加えます。3 分間沸騰させます。

g) 水にコーンスターチ大さじ 2 を加え、よく混ぜ、絶えずかき混ぜながら鍋に注ぎます。1〜2 分間調理します。

h) 次に鶏肉を加え、ソースが濃くなるまで調理します。

i) 提供してお楽しみください。

9. アジアンチキンサラダ

製造数: 6

材料：

- ブラウンシュガー 大さじ 2
- 醤油 小さじ 2
- ごま油 大さじ 1（お好みで）
- 植物油 1/4 カップ
- 米酢 大さじ 3
- 乾燥ビーフン 1 (8 オンス) パッケージ
- アイスバーグレタス 1 個 - 洗って乾燥させ、みじん切りにする
- 骨なし鶏胸肉 4 枚、調理して細切りにする
- ネギ 3 個（みじん切り）
- 煎りごま 大さじ 1

手順：

a) ボウルに醤油、黒砂糖、サラダ油、ごま油、米酢を加えてよく混ぜ、30 分ほどおく。

b) 鍋に油を数滴入れ、麺を入れてよく炒めます。よく浮き上がってきたら調理します。

c) ボウルに細切りにした鶏肉、アイスバーグレタス、ゴマ、ネギを加えて混ぜます。冷蔵庫に 10 分間入れます。

d) 茹でた麺を加えてよく混ぜます。

e) サラダにドレッシングをかけて、お召し上がりください。

10. チャイニーズペッパーステーキ

製造数: 4

材料：
● 1 ポンドのビーフトップサーロインステーキを 1 インチのスライスにスライスします。
● 醤油　1/4 カップ
● 白砂糖　大さじ 2
● コーンスターチ　大さじ 2
● 生姜すりおろし　小さじ 1/2
● 植物油　大さじ 3（分けて）
● 赤玉ねぎ　1 個、1 インチの正方形に切る
● ピーマン　1 個、1 インチ角に切る
● トマト　2 個、くさび形に切る

手順：
a) ボウルにコーンスターチ、生姜、醤油、砂糖を入れて混ぜ合わせます。
b) ステーキ肉を加えてよく混ぜます。
c) 鍋に油大さじ 1 を熱し、熱した油でステーキをきつね色になるまで焼きます。
d) 玉ねぎを加え、玉ねぎが柔らかくなるまで煮ます。
e) ピーマンを加えてよく混ぜます。
f) ピーマンの色が変わり始めたらトマトを加えてよく混ぜます。
g) 3〜4 分煮たら、皿に移します。
h) 楽しみ。

11. アジアンチキンのグリル

製造数: 4

材料：

- 醤油 1/4 カップ
- ごま油 小さじ 4
- 蜂蜜 大さじ 2
- 生姜の根 3 スライス
- ニンニク 2 片（砕いたもの）
- 皮なし、骨なしの鶏胸肉 4 枚

手順：

a) ボウルに蜂蜜、醤油、油、生姜、にんにくを入れてよく混ぜます。ボウルは電子レンジ対応である必要があります。

b) 電子レンジに 30 秒入れます。

c) 鶏肉を加えて混ぜ合わせます。

d) グリルを中火で予熱し、油を塗ります。

e) 鶏肉からマリネ液を取り出し、鍋に注ぎます。1〜2 分間沸騰させます。脇に置きます。

f) 熱したグリルに鶏肉を置き、両面がきつね色になるまで焼きます。

g) マリネしたオーブンチキンに霧雨をかけ、さらに 1〜2 分間調理します

12. 卵スープ

製造数: 4

材料：

- チキンブロス缶　2 (14.5　オンス)
- コーンスターチ　大さじ 1
- 卵　1　個、軽く溶く
- みじん切りネギ　大さじ 2

手順：

a) 鍋にコーンスターチとチキンスープを入れ、中火にかけてよく混ぜます。

b) 次に、絶えずかき混ぜながら、溶き卵を鍋に注ぎます。

c) 器に移し、ネギをトッピングします。

13. フォーチュンクッキー

製造数: 6

材料：

- 卵白 1 個
- バニラエキス 小さじ 1/8
- 塩 1 つまみ
- 無漂白中力粉 1/4 カップ
- 白砂糖 1/4 カップ

手順：

a) オーブンを 355 度に予熱します。

b) クッキングシートにバターを塗ります。

c) 卵白にバニラビートを加えてふわふわにします。

d) 卵液にふるった小麦粉、砂糖、塩を加えてよく混ぜます。

e) 大さじ 1 杯の生地をクッキーシートの上に 4 インチ間隔で移します。

f) シートを傾けて生地に丸い形を与えます。

g) オーブンに移し、5 分間焼きます。

h) オーブンから取り出したら、クッキーを木の板の上に置きます。

i) 次に、フォーチュンをクッキーの上にきちんと中央に置き、クッキーを半分から折ります。曲がった端をカップの縁に通します。

14. 野菜ローメン

製造数: 4

材料：

- 8 オンスの生スパゲッティ
- 植物油　1/4 カップ
- 新鮮なスライスキノコ　2 カップ
- 千切りニンジン　1 カップ
- スライスした赤ピーマン　1/2 カップ
- 玉ねぎ　1 個（みじん切り）
- ニンニク　2 片（みじん切り）
- 新鮮なもやし　2 カップ
- みじん切りネギ　1/2 カップ
- コーンスターチ　大さじ 1
- チキンスープ　1 カップ
- 海鮮醤　1/4 カップ
- 蜂蜜　大さじ 2
- 醤油　大さじ 1
- すりおろした新生姜　小さじ 1
- カイエンペッパー　小さじ 1/4
- カレー粉　小さじ 1/4

手順：

a) 鍋を用意し、水 2〜3 カップと小さじ 1/2 の塩を入れます。沸騰させます。

b) パスタを加えて 8〜9 分茹でます。水を切って脇に置きます。

c) フライパンに油を熱し、キノコ、玉ねぎ、にんじん、ピーマン、にんにくを 5〜6 分炒めます。

d) 豆、ネギ、もやしを加え、1 分間かき混ぜます。

e) ボウルにチキンスープ、コーンスターチを加え、よく混ぜます。

f) この混合物を炒め物に注ぎます。

g) 生姜、海鮮醤、カイエンペッパー、蜂蜜、カレー粉を加えます。よくかき混ぜ。

h) 5〜10 分間調理します。

i) スパゲッティを移し混ぜます。

j) 仕える。

15. レモンチキン

製造数: 6

材料：

- 3 ポンドの骨なし鶏胸肉、2 インチの大きさに切る
- ドライシェリー酒 大さじ 1
- 醤油 大さじ 1
- 塩 小さじ 1/2
- 卵 2 個
- 植物油 2 カップ
- コーンスターチ 1/4 カップ
- ベーキングパウダー 小さじ 1/2
- 白砂糖 1/3 カップ
- コーンスターチ 大さじ 1
- チキンスープ 1 カップ
- レモン汁 大さじ 1
- 塩 小さじ 1
- レモン 1 個（スライス）
- 植物油 大さじ 2

手順：

a) ボウルに鶏肉、醤油、塩小さじ 1/2、シェリーソースを加えてよく混ぜます。

b) 蓋をして冷蔵庫に 20 分間置きます。

c) 別のボウルにコーンスターチ、卵、ベーキングパウダーを入れてよく混ぜます。

d) 鶏肉を加えてよく混ぜます。脇に置きます。

e) 深めのフライパンに油 2 カップを熱し、鶏肉を少しずつ炒めます。

f) 黄金色になるまで揚げておきます。

g) ペーパータオルの上に広げて余分な油を拭き取ります。

h) ボウルに砂糖、だし汁、塩小さじ 1、コーンスターチレモンスライス大さじ 1、レモン汁を加えて混ぜます。

i) 鍋に油大さじ 2 を入れて熱し、レモンを加えて混ぜます。

j) ソースが軽くとろみがつくまで煮ます。

k) 鶏肉にかけてお召し上がりください。

16. カニ・ラングーン

作る：10

材料：

- 1 (14 オンス) パッケージ小型ワンタン包装紙
- クリームチーズ 2 パッケージ（8 オンス）、柔らかくした
- 生の生姜の根のみじん切り 小さじ 1
- 刻んだ新鮮なコリアンダー 小さじ 1/2
- 乾燥パセリ 小さじ 1/2
- 濃口醤油 大さじ 3
- 1 ポンドのカニ肉（細切り）
- 揚げ物用油 1 クォート

手順：

a) フライパンに油を熱します。

b) ボウルに醤油、生姜、ニンニク、コリアンダー、カニ肉、パセリ、クリームチーズを加えてよく混ぜます。

c) 清潔な表面にワンタンの皮を広げ、その上に小さじ 1 杯のクリームチーズ混合物を置きます。

d) 包装紙を中身の上で折り、三角形または半月を作ります。

e) ブラシで端を水で拭き、すべてのラッパーで同じ手順を繰り返します。湿らせたペッパータオルで覆います。

f) 3〜4 個のワンタンを熱した油に移し、きつね色になるまで調理します。

g) ペーパータオルの上に置き、余分な油を拭き取ります。

h) 温かいままお召し上がりください。

17. サヤエンドウの炒め物

材料：

● 植物油 大さじ 2
● 皮をむいた生姜のスライス 2 枚（それぞれ約 4 分の 1 の大きさ）
● コーシャーソルト
● 3/4 ポンドのサヤエンドウまたはシュガースナップエンドウ（糸を取り除いたもの）

手順：

a) 水滴がジュウジュウと音を立てて接触すると蒸発するまで、中華鍋を中強火で加熱します。油を注ぎ、回して中華鍋の底をコーティングします。生姜のスライスと塩ひとつまみを加えて油に味付けします。生姜を油の中で約 30 秒間、静かに渦巻きながらジュージューと音を立てるようにします。

b) サヤエンドウを加え、中華鍋のヘラを使って油をまぶします。鮮やかな緑色になり、パリパリとした柔らかさになるまで 2〜3 分間炒めます。

c) 皿に移し、生姜を取り除きます。温かいままお召し上がりください。

18. ほうれん草のにんにく醤油炒め

材料：
- 薄口醤油　大さじ 1
- 砂糖　小さじ 1
- 植物油　大さじ 2
- ニンニク 4 片（薄くスライス）
- コーシャーソルト
- 8 オンスの事前洗浄済みベビーほうれん草

手順：

a) 小さなボウルに薄口醤油と砂糖を入れ、砂糖が溶けるまでかき混ぜ、脇に置きます。

b) 水滴がジュウジュウと音を立てて接触すると蒸発するまで、中華鍋を中強火で加熱します。油を注ぎ、回して中華鍋の底をコーティングします。ニンニクと塩ひとつまみを加え、ニンニクの香りが立つまで約 10 秒炒めます。穴あきスプーンを使用して、ニンニクを鍋から取り出し、脇に置きます。

c) 味付けした油にほうれん草を加え、緑がしおれて鮮やかな緑色になるまで炒めます。砂糖と大豆の混合物を加え、コーティングします。ニンニクを中華鍋に戻し、混ぜ合わせます。お皿に移してお召し上がりください。

19. 白菜のピリ辛炒め

材料：

● 植物油 大さじ 2
● 乾燥唐辛子 3〜4 本
● 皮をむいた生姜のスライス 2 枚（それぞれ約 4 分の 1 の大きさ）
● コーシャーソルト
● ニンニク 2 片（スライス）
● 白菜 1 玉（千切り）
● 薄口醤油 大さじ 1
● 黒酢 大さじ 1/2
● 挽きたての黒コショウ

手順：

a) 中華鍋を中火〜強火で加熱します。油を注ぎ、唐辛子を加えます。唐辛子を油の中で 15 秒ほどジュウジュウと音を立てます。生姜のスライスと塩ひとつまみを加えます。にんにくを入れ、油に風味を付けるために約 10 秒間軽く炒めます。ニンニクが茶色になったり焦げたりしないようにしてください。

b) キャベツを加え、しおれて明るい緑色になるまで約 4 分間炒めます。薄口しょうゆ、黒酢を加え、塩、こしょう各少々で味を調える。さらに 20〜30 秒間コーティングします。

c) 皿に移し、生姜を取り除きます。温かいままお召し上がりください。

20. レタスのオイスターソース炒め

材料：

● 植物油 大さじ 1 と 1/2
● 皮をむいた生姜のスライス 1 枚（約 4 分の 1 の大きさ）
● コーシャーソルト
● ニンニク 2 片（薄くスライス）
● アイスバーグレタス 1 個を洗い、脱水して乾燥させ、1 インチ幅に切ります。
● オイスターソース 大さじ 2
● ごま油 小さじ 1/2（飾り用）

手順：

a) 水滴がジュウジュウと音を立てて接触すると蒸発するまで、中華鍋を中強火で加熱します。植物油を加えて回し、中華鍋の底を塗ります。生姜のスライスと塩ひとつまみを加えて油に味付けします。生姜を油の中で約 30 秒間、静かに渦巻きながらジュージューと音を立てるようにします。

b) にんにくを加え、油に風味を付けるために約 10 秒間軽く炒めます。ニンニクが茶色になったり焦げたりしないようにしてください。レタスを加え、少ししおれ始めるまで 3〜4 分間炒めます。オイスターソースをレタスの上に注ぎ、手早く混ぜ合わせ、さらに 20〜30 秒置きます。

21. ブロッコリーとタケノコの炒め物

材料：

● 植物油 大さじ 2
● 皮をむいた生姜のスライス 1 枚（約 4 分の 1 の大きさ）
● ブロッコリーの小花 4 カップ
● 水 大さじ 2
● ニンニク 2 片（みじん切り）
● タケノコをスライスし、洗って水を切っておく 1 缶（8 オンス）
● 薄口醤油 大さじ 1
● ごま油 小さじ 1
● 煎りゴマ 小さじ 2

手順：

a) 中華鍋を中火〜強火で加熱します。植物油を注ぎ、生姜のスライスと塩をひとつまみ加えます。

b) ブロッコリーを加え、鮮やかな緑色になるまで 2 分間炒めます。水を加えて蓋をし、ブロッコリーを 2 分ほど蒸します。

c) 蓋を外し、にんにくを加えて 30 秒ほど炒めます。タケノコを加えてさらに 30 秒炒めます。

d) 薄口醤油とごま油を加えて混ぜます。生姜を取り出して捨てます。温めたお皿に盛り、ごまを飾ります。

22. 乾燥いんげん

材料：
● 薄口醤油 大さじ 1
● ニンニクのみじん切り 大さじ 1
● 豆板醤 大さじ 1
● 砂糖 小さじ 2
● ごま油 小さじ 1
● コーシャーソルト
● 植物油 1/2 カップ
● 1 ポンドのインゲンを切り落とし、半分に切り、水分を拭き取って乾燥させます

手順：
a) 小さなボウルに薄口醤油、にんにく、豆板醤、砂糖、ごま油、塩ひとつまみを入れてよく混ぜます。脇に置いておきましょう。

b) 中華鍋に植物油を入れて中火で加熱します。豆を炒めます。豆にしわが寄るまで油の中でそっと豆をひっくり返します。

c) すべての豆が調理されたら、残った油を注意深く耐熱容器に移します。ペーパータオルを数枚付けたトングを使って中華鍋を拭き、掃除します。

d) 中華鍋を強火に戻し、取っておいた揚げ油大さじ 1 を加えます。インゲンとチリソースを加え、ソースが沸騰してインゲンがコーティングされるまで炒めます。豆を皿に移し、温かいうちにお召し上がりください。

23.　チンゲン菜ときのこの炒め

材料：

- 植物油 大さじ 3
- 皮をむいた生姜のスライス 1 枚（約 4 分の 1 の大きさ）
- 生しいたけ 1/2 ポンド
- ニンニク 2 片（みじん切り）
- 1.5 ポンドのベビーチンゲン菜、横に 1 インチの大きさにスライス
- 紹興酒 大さじ 2
- 薄口醤油 小さじ 2
- ごま油 小さじ 2

手順：

a) 中華鍋を中火〜強火で加熱します。植物油を注ぎ、回して中華鍋の底を塗ります。生姜のスライスと塩をひとつまみ加えます。

b) キノコを加え、茶色になり始めるまで 3〜4 分間炒めます。にんにくを加え、香りが出るまでさらに 30 秒ほど炒めます。

c) チンゲンサイを加え、キノコと和える。酒、薄口醤油、ごま油を加えます。野菜が柔らかくなるまで絶えず混ぜながら、3〜4 分間調理します。

d) 野菜を皿に移し、生姜を捨て、温かいうちにお召し上がりください。

24. 野菜炒めの盛り合わせ

材料：

● 植物油 大さじ 3
● 皮をむいた生姜のスライス 1 枚（約 4 分の 1 の大きさ）
● コーシャーソルト
● 白玉ねぎ 1/2 個、1 インチの小片に切ります
● にんじん 1 本（皮をむき、斜めに切る）
● セロリリブ 2 本、斜めに切り、厚さ 1/4 インチのスライスにします。
● 生しいたけ 6 個
● 赤ピーマン 1 個、1 インチの大きさに切る
● インゲン豆 1 握り（切り取ったもの）
● 細かく刻んだニンニク 2 片
● ねぎ 2 本（薄くスライス）

手順：

a) 水滴がジュウジュウと音を立てて接触すると蒸発するまで、中華鍋を中強火で加熱します。油を注ぎ、回して中華鍋の底をコーティングします。生姜のスライスと塩ひとつまみを加えて油に味付けします。油の中で約 30 秒間、静かにかき混ぜながらジュージューと音を立てます。

b) 玉ねぎ、にんじん、セロリを中華鍋に加え、ヘラで野菜を中華鍋の中で素早く動かしながら炒めます。約 4 分後、野菜が柔らかくなり始めたら、キノコを加えて熱した中華鍋に入れて炒め続けます。

c) マッシュルームが柔らかくなったら、ピーマンを加えてさらに 4 分ほど炒めます。ピーマンが柔らかくなり始めたら、インゲンを加え、柔らかくなるまでさらに約 3 分間炒めます。にんにくを加え、香りが立つまで炒めます。

d) 皿に移し、生姜を捨て、ねぎを飾ります。温かいままお召し上がりください。

25. 仏陀の喜び

材料：

- 乾燥キクラゲ ひと掴み（約 1/3 カップ）
- 干し椎茸 8 枚
- 薄口醤油 大さじ 2
- 砂糖 小さじ 2
- ごま油 小さじ 1
- 植物油 大さじ 2
- 皮をむいた生姜のスライス 2 枚（それぞれ約 4 分の 1 の大きさ）
- コーシャーソルト
- デリカータ スカッシュ 1 個（半分に切り、種を取り、一口大に切ります）
- 紹興酒 大さじ 2
- スナップエンドウ 1 カップ（筋を取り除いたもの）
- ウォーターチェストナッツ 1 缶（8 オンス）、洗って水気を切る
- 挽きたての黒コショウ

手順：

a) 両方の乾燥キノコを別々のボウルに入れ、熱湯を注いで柔らかくなるまで約 20 分間浸します。キクラゲ浸漬液を排出して捨てます。シイタケの液体 1/2 カップを水切りして保存します。きのこ液に薄口しょうゆ、砂糖、ごま油を加えてかき混ぜ、砂糖を溶かします。脇に置いておきましょう。

b) 水滴がジュウジュウと音を立てて接触すると蒸発するまで、中華鍋を中強火で加熱します。植物油を注ぎ、回して中華鍋の底を塗ります。生姜のスライスと塩ひとつまみを加えて油に味付けします。生姜を油の中で約 30 秒間、静かに渦巻きながらジュージューと音を立てるようにします。

c) かぼちゃを加えて炒め、味付けした油で約 3 分間炒めます。キノコと酒を加え、30 秒間炒め続けます。サヤエンドウとヒシの実を加え、油をまぶすように混ぜます。取っておいたキノコ調味液を加えて蓋をします。時々かき混ぜながら、野菜が柔らかくなるまで約 5 分間調理を続けます。

d) 蓋を外し、塩、こしょうで味を調える。生姜を捨ててお召し上がりください。

26. 湖南風豆腐

材料：

● コーンスターチ 小さじ 1

● 水 大さじ 1

● 植物油またはキャノーラ油 大さじ 4（分割）

● コーシャーソルト

● 1 ポンドの木綿豆腐を水切りし、厚さ 1/2 インチ、幅 2 インチの正方形に切ります。

● 発酵させた黒豆を洗って砕いたもの 大さじ 3

● 豆板醤 大さじ 2

● 皮をむき、細かく刻んだ 1 インチの生姜

● ニンニク 3 片（細かくみじん切り）

● 大きな赤ピーマン 1 個、1 インチの大きさに切る

● ねぎ 4 本、2 インチのセクションに切ります

● 紹興酒 大さじ 1

● 砂糖 小さじ 1

● 低ナトリウムチキンまたは野菜スープ 1/4 カップ

手順：

a) 小さなボウルにコーンスターチと水を入れて混ぜ、脇に置きます。

b) 水滴がジュウジュウと音を立てて接触すると蒸発するまで、中華鍋を中強火で加熱します。大さじ 2 杯の油を注ぎ、回して中華鍋の底と側面を塗ります。塩をひとつまみ加え、豆腐を中華鍋に一層に並べます。豆腐を 1〜2 分間焼き、中華鍋を傾けて豆腐の下に油を滑り込ませます。表面に焼き色がついたら、中華ベラを使って豆腐を慎重に裏返し、きつね色になるまでさらに 1〜2 分焼きます。焼き豆腐をお皿に移し、置いておきます。

c) 火を中弱火に下げます。残りの大さじ 2 杯の油を中華鍋に加えます。油がわずかに煙になり始めたらすぐに、黒豆、豆ペースト、生姜、ニンニクを加えます。20 秒ほど、または餡の油が真っ赤になるまで炒めます。

d) ピーマンとネギを加え、紹興酒と砂糖で和えます。さらに 1 分間、またはワインがほとんど蒸発し、ピーマンが柔らかくなるまで煮ます。

e) 中華鍋のすべての材料が混ざるまで、油揚げを静かに混ぜます。さらに 45 秒間、または豆腐が濃い赤色になり、ネギがしおれるまで調理を続けます。

f) 鶏がらスープを豆腐混合物の上に注ぎ、静かにかき混ぜて中華鍋の艶を消し、中華鍋に付着した固着部分を溶かします。コーンスターチと水の混合物を手早くかき混ぜ、中華鍋に加えます。軽くかき混ぜて 2 分間、またはソースがつやが出てとろみがつくまで煮ます。温かいままお召し上がりください。

27. 麻婆豆腐

材料：

- 豚ひき肉 1/2 ポンド
- 紹興酒 大さじ 2
- 薄口醤油 小さじ 2
- 皮をむいて細かく刻んだ新生姜 小さじ 1
- コーンスターチ 小さじ 2
- 水 大さじ 1 と 1/2
- 植物油 大さじ 2
- 砕いた四川山椒 大さじ 1
- 豆板醤 大さじ 3
- ねぎ 4 本（薄くスライスし、分割する）
- ラー油 小さじ 1
- 砂糖 小さじ 1
- 中国五香粉 小さじ 1/2
- 1 ポンドの中豆腐、水を切って 1/2 インチの立方体に切る
- 低ナトリウムチキンスープ 1 と 1/2 カップ
- コーシャーソルト
- 粗く刻んだ新鮮なコリアンダーの葉 大さじ 1（飾り用）

手順：

a) 小さなボウルに豚ひき肉、酒、薄口醤油、生姜を入れて混ぜ合わせます。脇に置いておきましょう。別の小さなボウルにコーンスターチと水を入れて混ぜます。脇に置いておきましょう。

b) 中華鍋を中火にかけ、植物油を注ぎます。四川山椒を加え、油が温まってジュージューと音がし始めるまで軽く炒めます。

c) マリネした豚肉と豆ペーストを加え、豚肉が茶色になって崩れるまで 4〜5 分間炒めます。ねぎ半量、ラー油、砂糖、五香粉を加えます。さらに 30 秒間、またはネギがしおれるまで炒め続けます。

d) 豚肉の上に豆腐を散らし、スープを注ぎます。かき混ぜないでください。豆腐は先に煮て少し固めておきます。蓋をして中火で 15 分煮ます。蓋を開けて軽くかき混ぜます。豆腐を崩しすぎないように注意してください。

e) 味見をして、好みに応じて塩や砂糖を加えてください。辛すぎる場合は、砂糖を追加すると辛さを和らげることができます。コーンスターチと水を再度混ぜ、豆腐に加えます。ソースが濃くなるまでゆっくりかき混ぜます。

f) 残りのネギとコリアンダーを飾り、温かいうちにお召し上がりください。

28. 豆腐蒸しの簡単あんかけ

材料:

- 中豆腐 1 ポンド
- 薄口醤油 大さじ 2
- ごま油 大さじ 1
- 黒酢 小さじ 2
- 細かく刻んだニンニク 2 片
- 皮をむいて細かく刻んだ新生姜 小さじ 1
- 砂糖 小さじ 1/2
- ねぎ 2 本（薄くスライス）
- 粗く刻んだ新鮮なコリアンダーの葉 大さじ 1

手順:

a) 豆腐をパッケージから取り出し、損傷がないように注意します。大きな皿に置き、慎重に 1〜1.5 インチの厚さにスライスします。5 分間放置します。豆腐を休ませると、より多くのホエイが排出されます。

b) せいろとその蓋を冷水ですすぎ、中華鍋に置きます。冷水を約 2 インチ、または蒸し器の底縁から約 1/4〜1/2 インチ上に来るまで注ぎますが、水がバスケットの底に触れるほど高くはありません。

c) 豆腐皿から余分なホエーを取り除き、豆腐皿をせいろに置きます。蓋をして中華鍋を中火にかけます。水を沸騰させ、豆腐を 6〜8 分蒸します。

d) 豆腐が蒸している間に、小鍋に薄口しょうゆ、ごま油、酢、にんにく、生姜、砂糖を入れて弱火にかけて砂糖が溶けるまでかき混ぜます。

e) 温かいソースを豆腐にかけ、ネギとコリアンダーを飾ります。

29. ゴマアスパラガス

材料：

● 薄口醤油 大さじ 2
● 砂糖 小さじ 1
● 植物油 大さじ 1
● 大きめのニンニク 2 片（粗く刻む）
● 2 ポンドのアスパラガスをトリミングし、長さ 2 インチの小片に斜めに切ります
● コーシャーソルト
● ごま油 大さじ 2
● 煎りごま 大さじ 1

手順：

a) 小さなボウルに薄口醤油と砂糖を入れ、砂糖が溶けるまでよくかき混ぜます。脇に置いておきましょう。

b) 水滴がジュウジュウと音を立てて接触すると蒸発するまで、中華鍋を中強火で加熱します。植物油を注ぎ、回して中華鍋の底を塗ります。にんにくを加え、香りが立つまで約 10 秒炒めます。

c) アスパラガスを加えて炒めます。醤油混合物を加えてアスパラガスに絡めるように混ぜ、さらに約 1 分間調理します。

d) アスパラにごま油を回しかけ、器に移す。ごまを飾り、温かいうちにお召し上がりください。

30. ナスと豆腐の熱々ガーリックソース

材料：

● 水 6 カップと大さじ 1 を分けて加える

● コーシャーソルト　大さじ 1

● 長めの中国ナス 3 本（約 3/4 ポンド）を切り落とし、斜めに 1 インチの大きさにスライスします。

● コーンスターチ　大さじ 1 と 1/2（分割）

● 薄口醬油　大さじ 1

● 砂糖　小さじ 2

● 濃口醬油　小さじ 1/2

● 植物油　大さじ 3（小分け）

● にんにく 3 片（みじん切り）

● 皮をむいたみじん切りの新生姜　小さじ 1

● 豆腐 1/2 ポンドを 1/2 インチの立方体に切ります

手順：

a) 大きなボウルに水 6 カップと塩を入れて混ぜます。軽くかき混ぜて塩を溶かし、ナスの部分を加えます。ナスが水に浸かるように大きめの鍋の蓋を上に置き、15 分間放置します。ナスの水気を切り、ペーパータオルで軽くたたいて水分を拭き取ります。ナスをボウルに入れ、コーンスターチを大さじ 1 杯ほどまぶします。

b) 小さなボウルに、残りの大さじ 1/2 のコーンスターチを、残りの大さじ 1 の水、薄口大豆、砂糖、濃口大豆と混ぜます。脇に置いておきましょう。

c) 水滴がジュウジュウと音を立てて接触すると蒸発するまで、中華鍋を中強火で加熱します。大さじ 2 杯の油を注ぎ、回して中華鍋の底と側面を塗ります。ナスを中華鍋に一層に並べます。

d) ナスを片面約 4 分ずつ焼きます。ナスは少し焦げて黄金色になっているはずです。中華鍋から煙が出始めたら、火を中火に下げます。ナスをボウルに移し、中華鍋を火に戻します。

e) 残りの油大さじ 1 を加え、にんにくと生姜を香りが立ってジュウジュウするまで約 10 秒炒めます。豆腐を加えてさらに 2 分ほど炒め、なすを中華鍋に戻します。ソースを再度かき混ぜて中華鍋に注ぎ、ソースが濃い光沢のある粘稠度になるまですべての材料を混ぜ合わせます。

f) ナスと豆腐を皿に移し、温かいうちにお召し上がりください。

31. 中国産ブロッコリーのオイスターソース添え

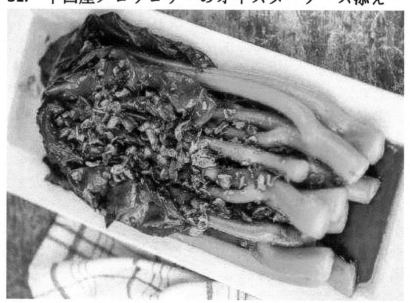

材料：

- オイスターソース 1/4 カップ
- 薄口醤油 小さじ 2
- ごま油 小さじ 1
- 植物油 大さじ 2
- 皮をむいた生姜のスライス 4 枚（それぞれ約 4 分の 1 の大きさ）
- ニンニク 4 片（皮をむく）
- コーシャーソルト
- 中国産ブロッコリーまたはブロッコリー、硬い端を切り落として 2 束
- 水 大さじ 2

手順：

a) 小さなボウルにオイスターソース、薄口しょうゆ、ごま油を入れてよく混ぜ、置いておきます。

b) 水滴がジュウジュウと音を立てて接触すると蒸発するまで、中華鍋を中強火で加熱します。植物油を注ぎ、回して中華鍋の底を塗ります。生姜、ニンニク、塩ひとつまみを加えます。アロマがオイルの中でジュウジュウと音を立てるのを待ち、約 10 秒間静かにかき混ぜます。

c) ブロッコリーを加えてかき混ぜ、油と明るい緑色になるまで混ぜます。水を加えて蓋をし、ブロッコリーを約 3 分間、または茎がナイフで簡単に刺せるまで蒸します。生姜とニンニクを取り出して捨てる。

d) ソースをかき混ぜ、熱くなるまで炒めます。お皿に移します。

32. ソルトアンドペッパーシュリンプ

材料：

● コーシャーソルト　大さじ 1

● 四川山椒　小さじ 1 と 1/2

● 1.5 ポンドの大きなエビ (U31 ～ 35)、皮をむいて背わたを取り除き、尾は付けたままにする

● 植物油　1/2 カップ

● コーンスターチ　1 カップ

● ねぎ 4 本（斜めにスライス）

● ハラペーニョ 1 個（半分に切り、種を取り、薄くスライス）

● ニンニク 6 片（薄くスライス）

手順：

a) 小さなソテーパンまたはフライパンで中火にかけ、塩とコショウを香りが出るまで炒め、焦げないように頻繁に振り混ぜます。ボウルに移して完全に冷まします。塩とコショウの実をスパイスグラインダーまたは乳鉢と乳棒で一緒に粉砕します。ボウルに移し、脇に置きます。

b) エビの水分をペーパータオルで拭き取ります。

c) 中華鍋で油を中強火で 375°F まで、または木のスプーンの端のあたりで泡立ち、ジュウジュウ音がするまで加熱します。

d) コーンスターチを大きなボウルに入れます。エビを揚げる直前に、エビの半分を投げてコーンスターチをまぶし、余分なコーンスターチを振り落とします。

e) エビをピンク色になるまで 1～2 分間炒めます。中華鍋スキマーを使用して、揚げたエビをベーキングシートの上に設置されたラックに移し、水

気を切ります。残りのエビについても、コーンスターチを加えて揚げ、ラックに移して水気を切るというプロセスを繰り返します。

f) すべてのエビが調理されたら、大さじ 2 を除いて油をすべて取り除き、中華鍋を中火に戻します。ネギ、ハラペーニョ、ニンニクを加え、ネギとハラペーニョが鮮やかな緑色になり、ニンニクの香りが立つまで炒めます。エビを中華鍋に戻し、塩とコショウの混合物（すべてを使用しなくてもよい）で味を調え、全体をまぜます。エビを皿に移し、温かいうちにお召し上がりください。

33. ドランクンシュリンプ

4 人分

材料：

● 紹興酒 2 カップ

● 皮をむいた生姜のスライス 4 枚（それぞれ約 4 分の 1 の大きさ）

● 乾燥クコの実 大さじ 2（お好みで）

● 砂糖 小さじ 2

● 1 ポンドのジャンボエビ（U21〜25）、皮をむいて背ワタを取り、尾は残したまま

● 植物油 大さじ 2

● コーシャーソルト

● コーンスターチ 小さじ 2

手順：

a) 幅の広いミキシングボウルに、ライスワイン、生姜、クコの実（使用する場合）、砂糖を入れて、砂糖が溶けるまでかき混ぜます。エビを加えて蓋をします。冷蔵庫で 20〜30 分マリネします。

b) エビとマリネをボウルの上に置いたザルに注ぎます。マリネの 1/2 カップを取っておき、残りは捨てます。

c) 水滴がジュウジュウと音を立てて接触すると蒸発するまで、中華鍋を中強火で加熱します。油を注ぎ、回して中華鍋の底をコーティングします。少量の塩を加えて油に味付けし、軽くかき混ぜます。

d) エビを加えて激しく炒め、塩をひとつまみ加えながら裏返し、中華鍋の中でエビを投げます。エビがピンク色になるまで、約 3 分間エビを動かし続けます。

e) 取っておいたマリネにコーンスターチを入れて混ぜ、エビの上に注ぎます。エビを炒め、マリネでコーティングします。さらに 5 分ほど沸騰し始めると、とろみがつき、つややかなソースになります。

f) エビとクコの実を皿に移し、生姜を捨て、温かいうちにお召し上がりください。

34. 海老の上海風炒め

材料：

● 1 ポンドの中大エビ（U31〜40）、皮をむいて背ワタを取り、尾はつけたままにする

● 植物油 大さじ 2

● コーシャーソルト

● 紹興酒 小さじ 2

● ねぎ 2 本（細かく千切り）

手順：

a) 鋭利なキッチンバサミまたは果物ナイフを使用して、エビを尾の部分を傷つけずに縦半分に切ります。エビは炒めているので、このように切ると表面積が増え、独特の形と食感が生まれます！

b) エビの水分をペーパータオルで拭き取り、乾燥した状態に保ちます。エビが乾燥しているほど、料理はより風味豊かになります。調理する前にエビをペーパータオルに丸めて 2 時間まで冷蔵保存できます。

c) 水滴がジュウジュウと音を立てて接触すると蒸発するまで、中華鍋を中強火で加熱します。油を注ぎ、回して中華鍋の底をコーティングします。少量の塩を加えて油に味付けし、軽くかき混ぜます。

d) 熱した中華鍋にエビを一気に入れます。エビがピンク色になり始めるまで、2〜3 分間手早く裏返します。さらに少量の塩で味付けし、酒を加えます。さらに約 2 分間炒め続けながら、ワインが沸騰するまで待ちます。エビは離れて丸まり、尾の部分が付いているはずです。

e) お皿に移し、ねぎを飾ります。温かいままお召し上がりください。

35. クルミシュリンプ

材料：

● 焦げ付き防止植物油スプレー

● 1 ポンドのジャンボエビ（U21〜25）、皮をむく

● くるみ半分 25〜30 個

● 植物油 3 カップ（揚げ用）

● 砂糖 大さじ 2

● 水 大さじ 2

● マヨネーズ 1/4 カップ

● 加糖コンデンスミルク 大さじ 3

● 米酢 小さじ 1/4

● コーシャーソルト

● コーンスターチ 1/3 カップ

手順：

a) 天板にクッキングシートを敷き、クッキングスプレーを軽く吹きかけます。脇に置いておきましょう。

b) エビをまな板の上で湾曲した面を下にして持ち、バタバタと動かします。頭の部分から皮むき包丁の先端をエビの 4 分の 3 くらいまで差し込みます。エビの背の中央から尻尾に向かって切り込みを入れます。エビを完全に切ったり、尾の部分まで切ったりしないでください。エビを本のように開き、平らに広げます。静脈（エビの消化管）が見える場合は拭き取り、冷水でエビを洗い、ペーパータオルで水分を拭き取ります。脇に置いておきましょう。

c) 中華鍋で油を中強火で 375°F まで、または木のスプーンの端のあたりで泡立ち、ジュウジュウ音がするまで加熱します。くるみをきつね色に

なるまで 3〜4 分間炒め、中華鍋スキマーを使ってペーパータオルを敷いた皿に移します。脇に置いて火を止めます。

d) 小さな鍋に砂糖と水を入れて混ぜ、中火にかけ、時々かき混ぜながら砂糖が溶けるまで沸騰させます。火を中火に下げ、シロップが減るまで 5 分間、またはシロップが濃くて光沢があるまで煮ます。クルミを加えて混ぜ、シロップを完全に塗ります。準備しておいたベーキングシートにナッツを移し、冷ますために置いておきます。砂糖がナッツの周りで固まり、砂糖漬けの殻が形成されます。

e) 小さなボウルにマヨネーズ、練乳、米酢、塩ひとつまみを入れてよく混ぜます。脇に置いておきましょう。

f) 中華鍋の油を中強火で 375°F に戻します。油が加熱されたら、エビに塩をひとつまみ加えて軽く味付けします。ミキシングボウルで、エビをコーンスターチとよくコーティングされるまで混ぜます。少量ずつ作業し、エビから余分なコーンスターチを振り落とし、油で揚げます。エビ同士がくっつかないように、油の中で素早く動かしてください。エビをきつね色になるまで 2〜3 分間炒めます。

g) 清潔なミキシングボウルに移し、ソースを少しずつ注ぎます。エビが均一にコーティングされるまでゆっくりと混ぜます。エビを皿に並べ、砂糖漬けのクルミを飾ります。温かいままお召し上がりください。

36. ベルベットのホタテ貝

材料：

● 卵白　大きめ 1 個

● コーンスターチ　大さじ 2

● 紹興酒　大さじ 2 （割る）

● コーシャーソルト　小さじ 1 （分割）

● 1　ポンドの新鮮なホタテ貝を洗い、筋肉を取り除き、軽く叩いて乾燥させた

● 植物油　大さじ 3 （小分け）

● 薄口醤油　大さじ 1

● 絞りたてのオレンジジュース　1/4 カップ

● オレンジの皮のすりおろし　1 個

● レッドペッパーフレーク （お好みで）

● ねぎ　2 本、緑色の部分のみ、薄切り、飾り用

手順：

a) 大きなボウルに卵白、コーンスターチ、酒大さじ 1、塩小さじ 1/2 を入れ、コーンスターチが完全に溶けてダマがなくなるまで小さな泡立て器で混ぜます。ホタテを入れて冷蔵庫で 30 分冷やします。

b) ホタテを冷蔵庫から取り出します。中くらいの大きさの鍋に水を沸騰させます。植物油大さじ 1 を加えて弱火にします。沸騰したお湯にホタテを加え、ホタテが半透明になるまでかき混ぜながら 15〜20 秒煮ます（ホタテは完全に火が通りません）。中華鍋スキマーを使用して、ホタテ貝をペーパータオルを敷いたベーキングシートに移し、ペーパータオルで軽く叩いて乾燥させます。

c) ガラスの計量カップに、残りの大さじ 1 杯のライスワイン、薄口大豆、オレンジジュース、オレンジの皮、および赤唐辛子のフレークひとつまみ（使用する場合）を混ぜ合わせ、脇に置きます。

d) 水滴がジュウジュウと音を立てて接触すると蒸発するまで、中華鍋を中強火で加熱します。残りの大さじ 2 杯の油を注ぎ、中華鍋の底を覆うように回します。残りの小さじ 1/2 の塩を加えて油に味付けします。

e) ビロードのホタテ貝を中華鍋に加え、ソースの中でかき混ぜます。ホタテを火が通るまで約 1 分間炒めます。皿に移し、ねぎを飾ります。

37. シーフードと野菜の麺炒め

材料：

● 植物油 1 カップ（小分け）

● 皮をむいた生姜のスライス 3 枚

● コーシャーソルト

● 赤ピーマン 1 個、1 インチの大きさに切る

● 小さな白玉ねぎ 1 個、薄くて長い縦縞にスライスします。

● サヤエンドウ 大きな一掴み（筋を取り除いたもの）

● 細かく刻んだ大きなニンニク 2 片

● 1/2 ポンドのエビまたは魚を 1 インチの大きさに切る

● 黒豆ソース 大さじ 1

● 1/2 ポンドの乾燥春雨ビーフンまたは豆糸麺

手順：

a) 水滴がジュウジュウと音を立てて接触すると蒸発するまで、中華鍋を中強火で加熱します。大さじ 2 杯の油を注ぎ、回して中華鍋の底を塗ります。生姜のスライスと少量の塩を加えて油に味付けします。生姜を油の中で約 30 秒間、静かに渦巻きながらジュージューと音を立てるようにします。

b) ピーマンと玉ねぎを加え、中華鍋の中で混ぜたり裏返したりして、中華鍋のヘラを使って手早く炒めます。

c) 軽く塩で味付けし、玉ねぎが柔らかく半透明になるまで 4〜6 分間炒め続けます。サヤエンドウとニンニクを加え、ニンニクの香りが立つまでさらに約 1 分炒めたり裏返したりします。野菜をお皿に移します。

d) さらに油大さじ 1 を熱し、エビまたは魚を加えます。軽く混ぜ、塩少々で軽く味付けします。3〜4 分間、またはエビがピンク色になるか、魚が剥がれ始めるまで炒めます。野菜を戻して、さらに 1 分間すべてを混ぜ合わせます。生姜を捨て、エビを皿に移します。保温用のホイル付きテント。

e) 中華鍋を拭き、中火に戻します。残りの油（約 3/4 カップ）を注ぎ、375°F まで、または木のスプーンの端のあたりで泡が立ってジュージュー音を立てるまで加熱します。油の温度が上がったらすぐに乾麺を加えます。すぐに油から膨らみ、浮き上がります。上部を揚げる必要がある場合は、トングを使用して麺の塊をひっくり返し、慎重に油から持ち上げ、ペーパータオルを敷いた皿に移して水を切り、冷まします。

f) 麺を細かく砕き、炒めた野菜とエビの上に散らします。すぐにお召し上がりください。

38. 魚の丸ごと蒸し生姜ネギ添え

材料：

魚のために

● 白身魚 1 匹（約 2 ポンド、頭付き、下処理済み）

● コーシャーソルト 1/2 カップ（掃除用）

● ネギ 3 本、3 インチの小片にスライス

● 皮をむいた生姜のスライス 4 枚（それぞれ約 4 分の 1 の大きさ）

● 紹興酒 大さじ 2

ソース用

● 薄口醤油 大さじ 2

● ごま油 大さじ 1

● 砂糖 小さじ 2

熱々のジンジャーオイルに

● 植物油 大さじ 3

● 皮をむき、細い千切りにした生の生姜 大さじ 2

● ねぎ 2 本（薄くスライス）

● 赤玉ねぎ、薄切り（お好みで）

● コリアンダー（オプション）

手順：

a) 魚の内側と外側をコーシャーソルトでこすります。魚を洗い、ペーパータオルで軽く叩いて乾かします。

b) せいろに入るくらいのお皿に、ねぎと生姜を各半分ずつ入れて敷きます。その上に魚を置き、残りのネギと生姜を魚の中に詰めます。魚の上に酒を注ぎます。

c) せいろとその蓋を冷水ですすぎ、中華鍋に置きます。冷水を約 2 インチ、または蒸し器の底縁から約 1/4〜1/2 インチ上に来るまで注ぎますが、水がバスケットの底に触れるほど高くはありません。水を沸騰させます。

d) プレートを蒸し籠に置き、蓋をします。魚を中火で 15 分間蒸します（0.5 ポンドごとに 2 分追加します）。中華鍋から外す前に、フォークで魚の頭の近くを刺します。肉が剥がれたら完成です。まだ身がくっついている場合は、さらに 2 分ほど蒸してください。

e) 魚が蒸している間に、小さな鍋に薄口しょうゆ、ごま油、砂糖を入れて弱火で温め、置いておきます。

f) 魚に火が通ったら、清潔なお皿に移します。蒸しプレートから調理液と芳香物質を捨てます。温かい醤油混合物を魚の上に注ぎます。油を準備する間、テントをホイルで温めて保温します。

39. 魚の生姜炒めとチンゲンサイ

材料：

- 卵白　大きめ 1 個
- 紹興酒　大さじ 1
- コーンスターチ　小さじ 2
- ごま油　小さじ 1
- 薄口醤油　小さじ 1/2
- 1 ポンドの骨なし魚の切り身を 2 インチの塊に切ります
- 植物油　大さじ 4（小分け）
- コーシャーソルト
- 皮をむいた生姜のスライス 4 枚（約 4 分の 1 の大きさ）
- チンゲン菜 3 個（一口大に切る）
- ニンニク 1 片（みじん切り）

手順：

a) 中くらいのボウルに、卵白、酒、コーンスターチ、ごま油、薄口大豆を入れて混ぜます。魚をマリネに加え、混ぜ合わせます。10 分間マリネします。

b) 水滴がジュウジュウと音を立てて接触すると蒸発するまで、中華鍋を中強火で加熱します。大さじ 2 杯の植物油を注ぎ、中華鍋の底を覆うように回します。少量の塩を加えて油に味付けし、軽くかき混ぜます。

c) 穴あきスプーンを使って魚をマリネから取り出し、中華鍋で両面に軽く焼き色がつくまで両面約 2 分ずつ焼きます。魚を皿に移し、脇に置きます。

d) 残りの大さじ 2 杯の植物油を中華鍋に加えます。さらにひとつまみの塩と生姜を加え、油を味付けし、30 秒間軽くかき混ぜます。チンゲンサイとニンニクを加え、チンゲン菜が柔らかくなるまで絶えず混ぜながら 3 〜4 分間炒めます。

e) 魚を中華鍋に戻し、チンゲンサイと混ぜるまで静かに混ぜます。さらにひとつまみの塩で軽く味付けします。大皿に移し、生姜を捨て、すぐにお召し上がりください。

40. ムール貝の黒豆ソース煮

材料：

- 植物油 大さじ 3
- 皮をむいた生姜のスライス 2 枚（それぞれ約 4 分の 1 の大きさ）
- コーシャーソルト
- ねぎ 2 本、長さ 2 インチの小片に切ります
- 薄くスライスした大きなニンニク 4 片
- 2 ポンドの生きた PEI ムール貝をこすり洗いし、ひげをそったもの
- 紹興酒 大さじ 2
- ブラックビーンソースまたは市販のブラックビーンソース 大さじ 2
- ごま油 小さじ 2
- 粗く刻んだ新鮮なコリアンダー 1/2 束

手順：

a) 水滴がジュウジュウと音を立てて接触すると蒸発するまで、中華鍋を中強火で加熱します。植物油を注ぎ、回して中華鍋の底を塗ります。生姜のスライスと少量の塩を加えて油に味付けします。生姜を油の中で約 30 秒間、静かに渦巻きながらジュージューと音を立てるようにします。

b) ネギとニンニクを加え、10 秒間、またはネギがしおれるまで炒めます。

c) ムール貝を加えて混ぜ、油をまぶします。中華鍋の側面にライスワインを注ぎ、軽く混ぜます。蓋をしてムール貝の口が開くまで 6〜8 分蒸します。

d) 蓋を開けて黒豆ソースを加え、ムール貝にまぶすように混ぜます。蓋をしてさらに 2 分間蒸します。蓋を開けて中身を取り出し、開いていないムール貝を取り除きます。

e) ムール貝にごま油をまぶします。ごま油の香りが立つまでさっと炒めます。生姜を捨て、ムール貝を皿に移し、コリアンダーを飾ります。

41.　カニのココナッツカレー

材料：

● 植物油　大さじ 2

● 皮をむいた生姜のスライス　2 枚（約 4 分の 1 の大きさ）

● コーシャーソルト

● エシャロット　1 個（薄くスライス）

● カレー粉　大さじ 1

● ココナッツミルク　1 缶（13.5 オンス）

● 砂糖　小さじ 1/4

● 紹興酒　大さじ 1

● 1 ポンドの缶詰カニ肉、水を切り、中身を取り出して殻片を取り除きます

● 挽きたての黒コショウ

● 飾り用に刻んだ新鮮なコリアンダーまたは平葉パセリ　1/4　カップ

● 炊き込みご飯、盛り付け用

手順：

a) 水滴がジュウジュウと音を立てて接触すると蒸発するまで、中華鍋を中強火で加熱します。油を注ぎ、回して中華鍋の底をコーティングします。生姜のスライスと塩ひとつまみを加えて油に味付けします。生姜を油の中で約 30 秒間、静かに渦巻きながらジュージューと音を立てるようにします。

b) エシャロットを加えて 10 秒ほど炒めます。カレー粉を加えて香りが出るまでさらに 10 秒ほど炒めます。

c) ココナッツミルク、砂糖、酒を加えて混ぜ、中華鍋の蓋をして 5 分間煮ます。

d) カニを入れてかき混ぜ、蓋をし、火が通るまで約 5 分間煮ます。蓋を取り、塩、こしょうで味を調え、生姜を捨てる。ボウルに盛ったご飯の上におたまで盛り、刻んだコリアンダーを飾ります。

42. イカの黒胡椒揚げ

材料：

● 植物油　3 カップ

● 1 ポンドのイカのチューブと触手を洗浄し、チューブを 1/3 インチの輪に切ります。

● 米粉　1/2 カップ

● コーシャーソルト

● 挽きたての黒胡椒　小さじ 1/4

● 炭酸水　3/4 カップ、氷冷しておきます

● 粗く刻んだ新鮮なコリアンダー　大さじ 2

手順：

a) 中華鍋に油を注ぎます。オイルの深さは約 1 〜 1.5 インチでなければなりません。中強火で油を 375°F まで加熱します。木のスプーンに油を浸したときに、油が泡立ち、ジュージューと音を立てると、油が適切な温度に達していることがわかります。イカの水分をペーパータオルで拭き取ります。

b) その間に、浅いボウルで米粉をひとつまみの塩とコショウとともにかき混ぜます。薄い生地を形成するのに適量の炭酸水を加えて泡立てます。イカを入れ、何回かに分けて中華鍋スキマーや穴あきスプーンを使って生地からイカを持ち上げ、余分なものを振り落とします。慎重に熱い油の中に下げます。

c) イカを黄金色でカリカリになるまで約 3 分間調理します。中華鍋スキマーを使用してイカを油から取り出し、ペーパータオルを敷いた皿に移し、軽く塩で味付けします。残りのイカでも繰り返します。

d) イカを皿に移し、コリアンダーを飾ります。温かいままお召し上がりください。

43. カキフライ チリガーリックコンフェッティ添え

材料：

- 小さめの殻付き牡蠣 1 個（16 オンス）の容器

- 米粉 1/2 カップ

- 中力粉 1/2 カップ（分割）

- ベーキングパウダー 小さじ 1/2

- コーシャーソルト

- 挽いた白胡椒

- オニオンパウダー 小さじ 1/4

- 冷やした炭酸水 3/4 カップ

- ごま油 小さじ 1

- 植物油 3 カップ

- 薄くスライスした大きなニンニク 3 片

- 細かく刻んだ小さな赤唐辛子 1 本

- 細かく刻んだ小さな青唐辛子 1 本

- ねぎ 1 本（薄くスライス）

手順：

a) ミキシングボウルに、米粉、中力粉 1/4 カップ、ベーキングパウダー、塩と白コショウ各ひとつまみ、オニオンパウダーを混ぜ合わせます。炭酸水とごま油を加え、滑らかになるまで混ぜ、置いておきます。

b) 中華鍋に植物油を入れ、中強火で 375°F になるか、木のスプーンの先あたりで泡が立ってジュージュー音を立てるまで加熱します。

c) ペーパータオルで牡蠣の水分を拭き取り、残りの中力粉 1/4 カップを加えます。牡蠣を一つずつ米粉の生地に浸し、熱した油に慎重に入れます。

d) 牡蠣を 3〜4 分間、または黄金色になるまで揚げます。ベーキングシートの上に取り付けたワイヤー冷却ラックに移して水気を切ります。軽く塩を振ります。

e) 油の温度を 375°F に戻し、ニンニクと唐辛子をカリカリにしつつも明るい色になるまで約 45 秒間軽く炒めます。ワイヤースキマーを使って油から引き上げ、ペーパータオルを敷いた皿に置きます。

f) 皿に牡蠣を並べ、ニンニクと唐辛子を散らす。スライスしたネギを飾り、すぐにお召し上がりください。

44. クンパオチキン

材料：

- 薄口醤油　小さじ 3
- コーンスターチ　小さじ 2 と 1/2
- 中国黒酢　小さじ 2
- 紹興酒　小さじ 1
- ごま油　小さじ 1
- 骨なし、皮なしの鶏もも肉　3/4 ポンド、1 インチに切る
- 植物油　大さじ 2
- 丸ごとの乾燥赤唐辛子　6〜8 本
- ねぎ 3 本、白い部分と青い部分を分けて、薄くスライスします。
- ニンニク 2 片（みじん切り）
- 皮をむいたみじん切りの新生姜　小さじ 1
- 無塩ドライローストピーナッツ　1/4 カップ

手順：

a) 中くらいのボウルに薄口大豆、コーンスターチ、黒酢、酒、ごま油を入れてコーンスターチが溶けるまで混ぜます。鶏肉を加え、軽くかき混ぜてコーティングします。10〜15 分間、または残りの材料を準備するのに十分な時間マリネします。

b) 水滴がジュウジュウと音を立てて接触すると蒸発するまで、中華鍋を中強火で加熱します。植物油を注ぎ、回して中華鍋の底を塗ります。

c) 唐辛子を加え、約 10 秒間、または唐辛子が黒くなり始めて油がわずかに香り立つまで炒めます。

d) マリネを残して鶏肉を加え、ピンク色でなくなるまで 3〜4 分間炒めます。

e) ねぎ白、にんにく、生姜を加えて 30 秒ほど炒めます。マリネを注ぎ、鶏肉にまぶすように混ぜます。ピーナッツを加え、ソースに光沢が出るまでさらに 2〜3 分間調理します。

f) お皿に移し、青ネギを飾り、温かいうちにお召し上がりください。

45. ブロッコリーチキン

材料：

- 紹興酒　大さじ 1
- 薄口醤油　小さじ 2
- ニンニクのみじん切り　小さじ 1
- コーンスターチ　小さじ 1
- 砂糖　小さじ 1/4
- 骨なし、皮なしの鶏もも肉 3/4 ポンドを 2 インチの塊に切ります。
- 植物油　大さじ 2
- 皮をむいた生姜のスライス 4 枚（約 4 分の 1 の大きさ）
- コーシャーソルト
- 1 ポンドのブロッコリーを一口大の小花に切る
- 水　大さじ 2
- レッドペッパーフレーク（お好みで）
- ブラックビーンソースまたは市販のブラックビーンソース 1/4 カップ

手順：

a) 小さなボウルに、酒、薄口大豆、ニンニク、コーンスターチ、砂糖を入れて混ぜます。鶏肉を加えて 10 分間マリネします。

b) 水滴がジュウジュウと音を立てて接触すると蒸発するまで、中華鍋を中強火で加熱します。植物油を注ぎ、回して中華鍋の底を塗ります。生姜と塩ひとつまみを加えます。生姜を静かにかき混ぜながら約 30 秒間ジュウジュウと音を立てます。

c) 鶏肉を中華鍋に移し、マリネを捨てます。鶏肉をピンク色でなくなるまで 4〜5 分間炒めます。ブロッコリー、水、赤唐辛子のフレークひとつまみ（使用する場合）を加え、1 分間炒めます。中華鍋の蓋をし、ブロッコリーが柔らかくなるまで 6〜8 分間蒸します。

d) 黒豆ソースをコーティングして加熱するまで、約 2 分間、またはソースがわずかに濃くなり、光沢が出るまでかき混ぜます。

e) 生姜を取り除き、お皿に移し、熱いうちにお召し上がりください。

46. タンジェリンゼストチキン

材料：

- 大きめの卵白 3 個
- コーンスターチ 大さじ 2
- 薄口しょうゆ 大さじ 1 と 1/2 を分けて
- 白コショウ 小さじ 1/4
- 骨なし、皮なしの鶏もも肉 3/4 ポンドを一口大に切ります。
- 植物油 3 カップ
- 皮をむいた生姜のスライス 4 枚（それぞれ約 4 分の 1 の大きさ）
- 四川山椒（少しひび割れたもの） 小さじ 1
- コーシャーソルト
- 黄玉ねぎ 1/2 個、幅 1/4 インチの細切りにします。
- みかん 1 個の皮をむき、厚さ 1/8 インチの細切りにする
- みかん 2 個分の果汁（約 1/2 カップ）
- ごま油 小さじ 2
- 米酢 小さじ 1/2
- ライトブラウンシュガー
- ネギ 2 本（飾り用）
- 飾り用ごま 大さじ 1

手順：

a) ミキシングボウルで、フォークまたは泡立て器を使用して、卵白を泡立て、よりきつい塊が泡状になるまで泡立てます。コーンスターチ、小さじ 2 杯の薄口大豆、白コショウを加えてよく混ざるまでかき混ぜます。鶏肉を入れて 10 分間マリネします。

b) 中華鍋に油を注ぎます。オイルの深さは約 1 〜 1.5 インチでなければなりません。中強火で油を 375°F まで加熱します。木のスプーンの先を油に浸すと、油が適切な温度であることがわかります。油が泡立ち、ジュウジュウと音をたてたら出来上がりです。

c) 穴付きスプーンまたは中華鍋スキマーを使用して、マリネから鶏肉を持ち上げ、余分な水分を振り落とします。慎重に熱い油の中に下げます。鶏肉を数回に分けて 3〜4 分間、または鶏肉の表面がきつね色になりカリカリになるまで揚げます。ペーパータオルを敷いた皿に移します。

d) 中華鍋から油大さじ 1 を除いてすべて注ぎ、中火にかけます。油を回して中華鍋の底をコーティングします。生姜、胡椒、塩ひとつまみを加えて油に味付けします。生姜とコショウの実を油の中で約 30 秒間、静かにかき混ぜながらジュウジュウと音を立てます。

e) 玉ねぎを加え、中華鍋のヘラで 2〜3 分間、または玉ねぎが柔らかく半透明になるまで混ぜたり裏返したりしながら炒めます。みかんの皮を加え、さらに 1 分間、または香りが出るまで炒めます。

f) みかんの絞り汁、ごま油、酢、そして黒砂糖をひとつまみ加えます。ソースを沸騰させ、半分の量になるまで約 6 分間煮ます。シロップ状でとてもピリッとした味になるはずです。味を見て、必要に応じて塩をひとつまみ加えます。

g) 火を止めてから揚げを加え、ソースを絡める。鶏肉を皿に移し、生姜を取り除き、ネギのスライスとゴマを飾ります。温かいままお召し上がりください。

47. カシューナッツチキン

4〜6 人分

材料：

● 薄口醤油 大さじ 1

● 紹興酒 小さじ 2

● コーンスターチ 小さじ 2

● ごま油 小さじ 1

● 粉末四川山椒 小さじ 1/2

● 骨なし、皮なしの鶏もも肉 3/4 ポンドを 1 インチの立方体に切ります。

● 植物油 大さじ 2

● 皮をむいて細かく刻んだ新生姜 1/2 インチ片

● コーシャーソルト

● 赤ピーマン 1/2 個、1/2 インチの大きさに切る

● 小さなズッキーニ 1 個、1/2 インチの小片に切る

● ニンニク 2 片（みじん切り）

● 無塩ドライローストカシューナッツ 1/2 カップ

● ねぎ 2 本、白い部分と青い部分を分けて、薄くスライスします。

手順：

a) 中くらいのボウルに薄口大豆、酒、コーンスターチ、ごま油、四川山椒を入れて混ぜ合わせます。鶏肉を加え、軽くかき混ぜてコーティングします。15 分間、または残りの材料を準備するのに十分な時間マリネします。

b) 水滴がジュウジュウと音を立てて接触すると蒸発するまで、中華鍋を中強火で加熱します。植物油を注ぎ、回して中華鍋の底を塗ります。生姜と塩ひとつまみを加えて油に味付けします。生姜を油の中で約 30 秒間、静かに渦巻きながらジュージューと音を立てるようにします。

c) トングを使って鶏肉をマリネから取り出し、中華鍋に移し、マリネを取っておきます。鶏肉をピンク色でなくなるまで 4〜5 分間炒めます。赤ピーマン、ズッキーニ、ニンニクを加え、2〜3 分間、または野菜が柔らかくなるまで炒めます。

d) マリネードを注ぎ、他の材料をコーティングするように混ぜます。マリネを沸騰させ、ソースがとろみと光沢が出るまで 1〜2 分間炒め続けます。カシューナッツを加えてかき混ぜ、さらに 1 分間調理します。

e) お皿に移し、ねぎを飾り、温かいうちにお召し上がりください。

48. ベルベットチキンとスノーピーズ

材料：

- 大きめの卵白 2 個
- コーンスターチ 大さじ 2、プラス小さじ 1
- 骨なし、皮なしの鶏の胸肉 3/4 ポンド
- 植物油 大さじ 3 と 1/2（小分け）
- 減塩チキンスープ 1/3 カップ
- 紹興酒 大さじ 1
- コーシャーソルト
- 挽いた白胡椒
- 皮をむいた生姜のスライス 4 枚
- タケノコをスライスし、洗って水気を切っておく 1 缶（4 オンス）
- ニンニク 3 片（みじん切り）
- 3/4 ポンドのサヤエンドウまたはシュガースナップエンドウ（糸を取り除いたもの）

手順：

a) ミキシングボウルで、フォークまたは泡立て器を使用して卵白を泡立て、卵白の固まった塊が泡状になるまで泡立てます。コーンスターチ大さじ 2 を加えてよく混ざり、ダマにならなくなるまでかき混ぜます。鶏肉とサラダ油大さじ 1 を入れてマリネします。

b) 小さなボウルに鶏がらスープ、酒、残りのコーンスターチ小さじ 1 を入れて混ぜ、塩と白コショウ各少々で味付けする。脇に置いておきましょう。

c) 水を満たした中型の鍋を強火で沸騰させます。油大さじ 1/2 を加え、火を弱めて沸騰させます。中華鍋スキマーまたは穴付きスプーンを使用してマリネを排出し、鶏肉を沸騰したお湯に移します。鶏肉が固まらないようによく混ぜます。鶏肉の外側が白くなるまで、火が通らないまで 40〜50 秒調理します。鶏肉をザルにあげ、余分な水を振り落とします。沸騰したお湯を捨てます。

d) 水滴がジュウジュウと音を立てて接触すると蒸発するまで、中華鍋を中強火で加熱します。残りの大さじ 2 杯の油を注ぎ、中華鍋の底を覆うように回します。生姜のスライスと塩を加えて油に味付けします。生姜を油の中で約 30 秒間、静かに渦巻きながらジュージューと音を立てるようにします。

e) タケノコとニンニクを加え、中華鍋のヘラを使用して油でコーティングし、香りが出るまで約 30 秒炒めます。サヤエンドウを加え、鮮やかな緑色でカリカリとした柔らかさになるまで約 2 分間炒めます。鶏肉を中華鍋に加え、ソース混合物を混ぜます。混ぜてコーティングし、1〜2 分間調理を続けます。

f) 皿に移し、生姜を取り除きます。温かいままお召し上がりください。

49. 鶏肉と野菜の黒豆ソース添え

材料：

- 薄口醤油　大さじ 1
- ごま油　小さじ 1
- コーンスターチ　小さじ 1
- 骨なし、皮なしの鶏もも肉　3/4 ポンドを一口大に切ります。
- 植物油　大さじ 3（小分け）
- 皮をむいた生姜のスライス　1 枚（約 4 分の 1 の大きさ）
- コーシャーソルト
- 小さめの黄玉ねぎ　1 個、一口大に切る
- 赤ピーマン　1/2 個、一口大に切る
- 黄色または緑のピーマン　1/2 個、一口大に切る
- にんにく　3 片（みじん切り）
- ブラックビーンソースまたは市販のブラックビーンソース　1/3 カップ

手順：

a) 大きなボウルに薄口大豆、ごま油、コーンスターチを入れ、コーンスターチが溶けるまでよく混ぜます。鶏肉を加えてマリネにまぜます。鶏肉を脇に置いて 10 分間マリネします。

b) 水滴がジュウジュウと音を立てて接触すると蒸発するまで、中華鍋を中強火で加熱します。大さじ 2 杯の植物油を注ぎ、中華鍋の底を覆うように回します。生姜と塩ひとつまみを加えて油に味付けします。生姜を油の中で約 30 秒間、静かに渦巻きながらジュージューと音を立てるようにします。

c) 鶏肉を中華鍋に移し、マリネを捨てます。中華鍋で 2〜3 分間焼きます。ひっくり返して反対側もさらに 1〜2 分焼きます。中華鍋で素早くひっくり返してさらに 1 分間炒めます。清潔なボウルに移します。

d) 残りの油大さじ 1 を加え、玉ねぎ、ピーマンを炒める。玉ねぎが半透明になりながらも食感がしっかりするまで、野菜を中華鍋のヘラで裏返しながら 2〜3 分間手早く炒めます。にんにくを加えてさらに 30 秒炒めます。

e) 鶏肉を中華鍋に戻し、黒豆ソースを加えます。鶏肉と野菜がコーティングされるまで、ひっくり返します。

f) お皿に移し、生姜を取り除き、温かいうちにお召し上がりください。

50. インゲンチキン

材料：

● 3/4 ポンドの骨なし、皮なしの鶏もも肉を繊維に沿って一口大のストリップにスライスします。

● 紹興酒　大さじ 3 （割る）

● コーンスターチ　小さじ 2

● コーシャーソルト

● 赤唐辛子フレーク

● 植物油　大さじ 3 （小分け）

● 皮をむいた生姜のスライス 4 枚 （それぞれ約 4 分の 1 の大きさ）

● 3/4 ポンドのインゲンを切り落とし、斜めに横半分に切ります

● 薄口醤油　大さじ 2

● 味付け米酢　大さじ 1

● スライスしたアーモンド、トースト　1/4 カップ

● ごま油　小さじ 2

手順：

a) ミキシングボウルに鶏肉を入れ、酒大さじ 1、コーンスターチ、塩少々、赤唐辛子フレークひとつまみを混ぜます。鶏肉に均一にコーティングするようにかき混ぜます。10 分間マリネします。

b) 水滴がジュウジュウと音を立てて接触すると蒸発するまで、中華鍋を中強火で加熱します。大さじ 2 杯の植物油を注ぎ、中華鍋の底を覆うように回します。生姜と少量の塩を加えて油に味付けします。生姜を油の中で約 30 秒間、静かに渦巻きながらジュージューと音を立てるようにします。

c) 鶏肉とマリネを中華鍋に加え、3〜4 分間、または鶏肉が少し焦げてピンク色でなくなるまで炒めます。清潔なボウルに移し、脇に置きます。

d) 残りの植物油大さじ 1 を加え、インゲンを 2〜3 分間、または明るい緑色になるまで炒めます。鶏肉を中華鍋に戻して混ぜ合わせます。残りの大さじ 2 杯の酒、薄口醤油、酢を加えます。混ぜてコーティングし、インゲンをさらに 3 分間、またはインゲンが柔らかくなるまで煮ます。生姜を取り出して捨てます。

e) アーモンドを入れて、お皿に移します。ごま油を回しかけ、熱々でお召し上がりください。

51. 鶏肉の胡麻和え

材料：

● 大きめの卵白 3 個

● コーンスターチ 大さじ 3（割る）

● 薄口しょうゆ 大さじ 1 と 1/2 を分けて

● 骨なし、皮なしの鶏もも肉 1 ポンドを一口大に切ります。

● 植物油 3 カップ

● 皮をむいた生姜のスライス 3 枚（それぞれ約 4 分の 1 の大きさ）

● コーシャーソルト

● 赤唐辛子フレーク

● ニンニク 3 片（粗く刻む）

● 低ナトリウムチキンスープ 1/4 カップ

● ごま油 大さじ 2

● ネギ 2 本（飾り用）

● 飾り用ごま 大さじ 1

手順：

a) ミキシングボウルで、フォークまたは泡立て器を使用して卵白を泡立て、卵白の固まった塊が泡状になるまで泡立てます。コーンスターチ大さじ 2 と薄口大豆小さじ 2 をよく混ざるまでかき混ぜます。鶏肉を入れて 10 分間マリネします。

b) 中華鍋に油を注ぎます。オイルの深さは約 1 〜 1.5 インチでなければなりません。中強火で油を 375°F まで加熱します。木のスプーンの先を油に浸すと、油が適切な温度であることがわかります。油が泡立ち、ジュウジュウと音をたてたら出来上がりです。

c) 穴付きスプーンまたは中華鍋スキマーを使用して、マリネから鶏肉を持ち上げ、余分な水分を振り落とします。慎重に熱い油の中に下げます。鶏肉を数回に分けて 3〜4 分間、または鶏肉の表面がきつね色になりカリカリになるまで揚げます。ペーパータオルを敷いた皿に移します。

d) 中華鍋から油大さじ 1 を除いてすべて注ぎ、中火にかけます。油を回して中華鍋の底をコーティングします。生姜、ひとつまみの塩、赤唐辛子のフレークを加えて油に味付けします。ジンジャーとペッパーフレークを油の中で約 30 秒間、静かにかき混ぜながらジュウジュウと音を立てます。

e) ニンニクを加えて炒め、中華鍋のヘラでひっくり返しながら30秒間炒めます。チキンスープ、残りの薄口大豆小さじ 2 と 1/2、コーンスターチの残りの大さじ 1 を加えてかき混ぜます。ソースにとろみがつき、つややかになるまで 4〜5 分間煮ます。ごま油を加えて混ぜ合わせます。

f) 火を止めてから揚げを加え、ソースを絡める。生姜を取り出して捨てます。皿に移し、ネギのスライスとゴマを飾ります。

52. 甘酢チキン

材料：

- コーンスターチ小さじ 2 と水大さじ 2
- 植物油　大さじ 3（小分け）
- 皮をむいた生姜のスライス　4 枚
- 骨なし、皮なしの鶏もも肉　3/4　ポンドを一口大に切ります。
- 赤ピーマン　1/2 個、1/2 インチの大きさに切る
- ピーマン　1/2 個、1/2 インチの大きさに切る
- 黄玉ねぎ 1/2 個、1/2 インチの小片に切る
- パイナップルの塊　1　缶（8　オンス）、水を切り、ジュースを取っておきます
- ヒシの実のスライス　1　缶（4　オンス）、水気を切る
- 低ナトリウムチキンスープ　1/4 カップ
- ライトブラウンシュガー　大さじ 2
- リンゴ酢　大さじ 2
- ケチャップ　大さじ 2
- ウスターソース　小さじ 1
- ネギ　3　本（飾り用）

手順：

a) 小さなボウルにコーンスターチと水を入れて混ぜ、脇に置きます。

b) 水滴がジュウジュウと音を立てて接触すると蒸発するまで、中華鍋を中強火で加熱します。大さじ 2 杯の油を注ぎ、回して中華鍋の底を塗ります。生姜と塩ひとつまみを加えて油に味付けします。生姜を油の中で約 30 秒間、静かに渦巻きながらジュージューと音を立てるようにします。

c) 鶏肉を加えて中華鍋で 2〜3 分焼きます。鶏肉をひっくり返して混ぜ、さらに約 1 分間、またはピンク色でなくなるまで炒めます。ボウルに移し、脇に置きます。

d) 残りの大さじ 1 杯の油を加えて回し、コーティングします。赤ピーマン、緑ピーマン、玉ねぎを柔らかく半透明になるまで 3〜4 分間炒めます。パイナップルとヒシの実を加え、さらに 1 分間炒め続けます。鶏肉に野菜を加えて置いておきます。

e) 取っておいたパイナップルジュース、チキンスープ、ブラウンシュガー、酢、ケチャップ、ウスターソースを中華鍋に注ぎ、沸騰させます。火を中火にかけ、液体が半分になるまで約 4 分間煮ます。

f) 鶏肉と野菜を中華鍋に戻し、ソースと混ぜ合わせます。コーンスターチと水の混合物を手早くかき混ぜ、中華鍋に加えます。コーンスターチがソースにとろみをつけ始め、光沢が出るまで、すべてをひっくり返します。

g) 生姜を取り除き、大皿に移し、ネギを飾り、温かいうちにお召し上がりください。

53. ムーグーガイパン

材料：

● 薄口醤油　大さじ 1

● 紹興酒　大さじ 1

● ごま油　小さじ 2

● 骨なし、皮なしの鶏胸肉　3/4 ポンド、スライス

● 低ナトリウムチキンスープ　1/2 カップ

● オイスターソース　大さじ 2

● 砂糖　小さじ 1

● コーンスターチ　大さじ 1

● 植物油　大さじ 3（小分け）

● 皮をむいた生姜のスライス　4 枚

● 4 オンスの新鮮なボタンマッシュルーム、薄くスライス

● タケノコのスライス　1 缶（4 オンス）、水気を切る

● ヒシの実のスライス　1 缶（4 オンス）、水気を切る

● ニンニク　1 片（細かくみじん切り）

手順：

a) 大きなボウルに薄口大豆、酒、ごま油を入れて滑らかになるまで混ぜ合わせます。鶏肉を加えて和える。15 分間マリネします。

b) 小さなボウルにチキンスープ、オイスターソース、砂糖、コーンスターチを入れて滑らかになるまで混ぜ合わせ、脇に置きます。

c) 水滴がジュウジュウと音を立てて接触すると蒸発するまで、中華鍋を中強火で加熱します。大さじ 2 杯の植物油を注ぎ、中華鍋の底を覆うように回します。生姜と少量の塩を加えて油に味付けします。生姜を

油の中で約 30 秒間、静かに渦巻きながらジュージューと音を立てるようにします。

d) 鶏肉を加え、マリネを捨てます。鶏肉の色がピンク色でなくなるまで 2〜3 分炒めます。清潔なボウルに移し、脇に置きます。

e) 残りの大さじ 1 杯の植物油を加えます。キノコを 3〜4 分間炒め、素早く裏返します。キノコが乾いたらすぐに炒めるのをやめ、キノコを熱した中華鍋の上に約 1 分間置きます。

f) タケノコ、ヒシ、ニンニクを加えます。1 分間、またはニンニクの香りが立つまで炒めます。鶏肉を中華鍋に戻し、混ぜ合わせます。

g) ソースを混ぜ合わせて中華鍋に加えます。ソースが沸騰し始めるまで約 45 秒炒めます。ソースにとろみがつき、つやが出てくるまで裏返し続けます。生姜を取り出して捨てます。

54. エッグ・フーヨン

材料：

- 大きめの卵 5 個（室温）
- コーシャーソルト
- 挽いた白胡椒
- 薄くスライスした椎茸の傘 1/2 カップ
- 解凍した冷凍エンドウ豆 1/2 カップ
- ねぎ 2 本（みじん切り）
- ごま油 小さじ 2
- 低ナトリウムチキンスープ 1/2 カップ
- オイスターソース 大さじ 1 と 1/2
- 紹興酒 大さじ 1
- 砂糖 小さじ 1/2
- 薄口醤油 大さじ 2
- コーンスターチ 大さじ 1
- 植物油 大さじ 3
- 炊き込みご飯、盛り付け用

手順：

a) 大きなボウルに卵を入れ、塩と白コショウをそれぞれひとつまみ加えて泡立てます。マッシュルーム、エンドウ豆、ねぎ、ごま油を加えて混ぜます。脇に置いておきましょう。

b) 小鍋に鶏がらスープ、オイスターソース、酒、砂糖を入れて中火で煮てソースを作ります。小さなガラス計量カップに薄口大豆とコーンスターチを入れ、コーンスターチが完全に溶けるまで泡立てます。常に泡立てながらコーンスターチ混合物をソースに注ぎ、ソースがスプーンの裏を覆うの

に十分な濃さになるまで 3〜4 分間調理します。蓋をして脇に置きます。

c) 水滴がジュウジュウと音を立てて接触すると蒸発するまで、中華鍋を中強火で加熱します。植物油を注ぎ、回して中華鍋の底を塗ります。卵混合物を加えて、底面が黄金色になるまで中華鍋を回して振りながら調理します。オムレツをフライパンから皿の上に滑らせて取り出し、中華鍋の上でひっくり返すか、ヘラでひっくり返して反対側を黄金色になるまで焼きます。オムレツを皿に移し、スプーン一杯のソースを添えてご飯の上に盛り付けます。

55.　トマト卵炒め

材料：

- 大きめの卵 4 個（室温）
- 紹興酒 小さじ 1
- ごま油 小さじ 1/2
- コーシャーソルト 小さじ 1/2
- 挽きたての黒コショウ
- 植物油 大さじ 3（小分け）
- 皮をむいた生姜のスライス 2 枚（それぞれ約 4 分の 1 の大きさ）
- 1 ポンドのグレープトマトまたはチェリートマト
- 砂糖 小さじ 1
- 炊き込みご飯または麺類（盛り付け用）

手順：

a) 大きなボウルに卵を入れて泡立てます。酒、ごま油、塩、コショウひとつまみを加え、均一になるまで混ぜ続けます。

b) 水滴がジュウジュウと音を立てて接触すると蒸発するまで、中華鍋を中強火で加熱します。大さじ 2 杯の植物油を注ぎ、中華鍋の底を覆うように回します。卵混合物を熱い中華鍋に入れてかき混ぜます。卵を回して振って調理します。卵が調理されたばかりで乾燥していない状態で皿に移します。保温用のホイル付きテント。

c) 残りの大さじ 1 杯の植物油を中華鍋に加えます。生姜と塩ひとつまみを加えて油に味付けします。生姜を油の中で約 30 秒間、静かに渦巻きながらジュージューと音を立てるようにします。

d) トマトと砂糖を加えて混ぜ、油をまぶします。蓋をして、トマトが柔らかくなり、果汁が出てくるまで、時々かき混ぜながら約 5 分間煮ます。生姜のスライスを取り除き、トマトに塩、コショウで味付けします。

e) トマトをスプーンで卵の上に乗せ、ご飯や麺の上に盛り付けます。

56. エビとスクランブルエッグ

材料：

- コーシャーソルト　大さじ 2、さらに調味料として追加
- 砂糖　大さじ 2
- 冷水　2 カップ
- 6 オンスの中エビ（U41〜50）、皮をむいて背わたを取り除いたもの
- 大きめの卵　4 個（室温）
- ごま油　小さじ 1/2
- 挽きたての黒コショウ
- 植物油　大さじ 2（小分け）
- 皮をむいた生姜のスライス 2 枚（それぞれ約 4 分の 1 の大きさ）
- ニンニク 2 片（薄くスライス）
- チャイブ 1 束、1/2 インチの小片に切る

手順：

a) 大きなボウルに塩と砂糖を水に入れて溶けるまで混ぜます。エビを塩水に加えます。蓋をして 10 分間冷蔵します。

b) エビはザルに入れて洗います。塩水を捨てます。エビをペーパータオルを敷いたベーキングシートの上に広げ、軽く叩いて乾燥させます。

c) 別の大きなボウルに卵を入れ、ごま油、塩、こしょう各少々を加えて混ぜ合わせます。脇に置いておきましょう。

d) 水滴がジュウジュウと音を立てて接触すると蒸発するまで、中華鍋を中強火で加熱します。大さじ 1 の植物油を注ぎ、回して中華鍋の底を塗ります。生姜と塩ひとつまみを加えて油に味付けします。生姜を油の

中で約 30 秒間、静かに渦巻きながらジュージューと音を立てるようにします。

e) にんにくを加え、油に風味を付けるために約 10 秒間軽く炒めます。ニンニクが茶色になったり焦げたりしないようにしてください。エビを加え、ピンク色になるまで約 2 分間炒めます。皿に移し、生姜を捨てる。

f) 中華鍋を火に戻し、残りの大さじ 1 杯の植物油を加えます。油が熱くなったら、卵混合物を中華鍋に入れてかき混ぜます。卵を回して振って調理します。チャイブを鍋に加え、卵が乾燥しない程度に調理されるまで調理を続けます。エビを鍋に戻し、混ぜ合わせます。お皿に移します。

57. 茶碗蒸し

材料：

- 大きめの卵 4 個（室温）
- 低ナトリウムチキンスープまたは濾過水 1¾カップ
- 紹興酒 小さじ 2
- コーシャーソルト 小さじ 1/2
- ねぎ 2 本、緑色の部分のみ、薄くスライスする
- ごま油 小さじ 4

手順：

a) 大きなボウルに卵を入れて泡立てます。だし汁と酒を加えて混ぜ合わせます。液体計量カップの上に設置した目の細かいふるいで卵混合物をこし、気泡を取り除きます。卵混合物を 4 個（6 オンス）のラメキンに注ぎます。果物ナイフを使って、卵混合物の表面にある気泡を消します。ラミキンをアルミホイルで覆います。

b) せいろとその蓋を冷水ですすぎ、中華鍋に置きます。水を 2 インチ、または蒸し器の底縁から 1/4〜1/2 インチ上に来るまで注ぎますが、バスケットの底に触れない程度に注ぎます。ラミキンを蒸し籠に入れます。蓋をします。

c) 水を沸騰させ、弱火にします。弱火で約 10 分間、または卵がちょうど固まるまで蒸します。

d) ラミキンを蒸し器から慎重に取り出し、各カスタードにネギと数滴のごま油を添えます。すぐにお召し上がりください。

58. 中華料理のテイクアウト手羽先唐揚げ

材料：

- 手羽先丸ごと 10 本、洗って軽くたたいて乾燥させた
- 黒コショウ 小さじ 1/8
- 白コショウ 小さじ 1/4
- ガーリックパウダー 小さじ 1/4
- 塩 小さじ 1
- 砂糖 小さじ 1/2
- 醤油 大さじ 1
- 紹興酒 大さじ 1
- ごま油 小さじ 1
- 卵 1 個
- コーンスターチ 大さじ 1
- 小麦粉 大さじ 2
- フライ用油

手順：

a) すべての材料（もちろん揚げ油を除く）を大きなミキシングボウルに入れて混ぜます。翼がよくコーティングされるまですべてを混ぜます。

b) 最良の結果を得るには、手羽先を室温で 2 時間、または冷蔵庫で一晩マリネします。

c) 漬け込んだ後、手羽元に液体が残っているように見える場合は、もう一度よく混ぜてください。翼は薄いバッター状のコーティングでよく覆われている必要があります。それでも水っぽい場合は、コーンスターチと小麦粉をもう少し加えてください。

　中型の鍋に油を 2/3 ほど入れ、325°F に加熱します。

d) 手羽先を少しずつ 5 分間揚げ、ペーパータオルを敷いた天板に取り出します。手羽元が全部揚がったら、数回に分けて油に戻し、再度 3 分揚げます。

e) ペーパータオルまたは冷却ラックの上で水気を切り、ホットソースを添えてお召し上がりください。

59. タイバジルチキン

4 人分

材料：

● 油　大さじ 3〜4

● タイの鳥またはオランダの唐辛子　3 個

● エシャロット　3 個（薄くスライス）

● にんにく　5 片（みじん切り）

● 1 ポンドの鶏ひき肉

● 砂糖または蜂蜜　小さじ 2

● 醤油　大さじ 2

● 魚醤　大さじ 1

● 低ナトリウムチキンスープまたは水　1/3　カップ

● ホーリーバジルまたはタイバジルの葉　1 束

手順：

a) 強火にかけた中華鍋に油、唐辛子、シャロット、ニンニクを加え、1 〜2 分間炒めます。

b) 鶏ひき肉を加えて 2 分間炒め、鶏肉を細かくほぐします。

c) 砂糖、醤油、魚醤を加えます。さらに 1 分間炒め、スープで鍋をディグレーズします。鍋は強火で加熱されているため、液体はすぐに蒸発してしまいます。

d) バジルを加え、しんなりするまで炒める。

e) ご飯の上にお召し上がりください。

60. 豚バラ肉の煮込み

材料：

● 皮付きの赤身の豚バラ肉　3/4　ポンド

● 油　大さじ 2

● 砂糖　大さじ 1 （あれば氷砂糖がおすすめです）

● 紹興酒　大さじ 3

● 普通醤油　大さじ 1

● 濃口醤油　大さじ 1/2

● 水 2 カップ

手順：

a) まずは豚バラ肉を 3/4 インチの厚さに切ります。

b) 鍋に水を沸騰させます。豚バラ肉を数分間湯通しします。これにより不純物が取り除かれ、調理プロセスが始まります。豚肉を鍋から取り出し、洗って脇に置きます。

c) 弱火にかけ、油と砂糖を中華鍋に加えます。砂糖を少し溶かし、豚肉を加えます。火を中火にし、豚肉に軽く焼き色がつくまで炒めます。

d) 弱火に戻し、紹興酒、普通醤油、濃口醤油、水を加えます。

e) 蓋をして、豚肉が柔らかくなるまで約 45 分〜1 時間煮ます。5〜10 分ごとに焦げないようにかき混ぜ、乾燥しすぎる場合は水を追加します。

f) 豚肉がフォークで柔らかくなったら、まだ目に見える液体がたくさんある場合は、中華鍋の蓋を外し、火を強め、ソースが輝くコーティングになるまでかき混ぜ続けます。

61. トマトと牛肉の炒め物

材料：

● 3/4 ポンドのフランクステーキまたはハラミステーキを、繊維に反して 1/4 インチの厚さのスライスに切ります。

● コーンスターチ 大さじ 1 と 1/2（分割）

● 紹興酒 大さじ 1

● コーシャーソルト

● 挽いた白胡椒

● トマトペースト 大さじ 1

● 薄口醤油 大さじ 2

● ごま油 小さじ 1

● 砂糖 小さじ 1

● 水 大さじ 2

● 植物油 大さじ 2

● 皮をむいた生姜のスライス 4 枚（それぞれ約 4 分の 1 の大きさ）

● 大きなエシャロット 1 個（薄くスライス）

● 細かく刻んだニンニク 2 片

● 大きめのトマト 5 個、それぞれ 6 つのくさび形に切る

● ねぎ 2 本、白い部分と青い部分を分けて、薄くスライスします。

手順：

a) 小さなボウルに牛肉を入れ、コーンスターチ大さじ 1、酒、塩と白コショウ各少々を加えて混ぜます。10 分間放置します。

b) 別の小さなボウルに残りのコーンスターチ大さじ 1/2、トマトペースト、薄口大豆、ごま油、砂糖、水を加えて混ぜます。脇に置いておきましょう。

c) 水滴がジュウジュウと音を立てて接触すると蒸発するまで、中華鍋を中強火で加熱します。植物油を注ぎ、回して中華鍋の底を塗ります。生姜と塩ひとつまみを加えて油に味付けします。生姜を油の中で約 30 秒間、静かに渦巻きながらジュージューと音を立てるようにします。

d) 牛肉を中華鍋に移し、ピンク色でなくなるまで 3〜4 分間炒めます。エシャロットとニンニクを加え、1 分間炒めます。トマトとネギ白を加えて炒め続けます。

e) ソースを加えて 1〜2 分間、または牛肉とトマトがコーティングされ、ソースが少し濃くなるまで炒め続けます。

f) 生姜を取り除き、皿に移し、ネギの葉を飾ります。温かいままお召し上がりください。

62. 牛肉とブロッコリー

材料：

● 3/4 ポンドのハラミステーキを、繊維に沿って 1/4 インチの厚さのスライスに切ります。

● 重曹　大さじ 1

● コーンスターチ　大さじ 1

● 水　大さじ 4（小分け）

● オイスターソース　大さじ 2

● 紹興酒　大さじ 2

● ライトブラウンシュガー　小さじ 2

● 海鮮醤　大さじ 1

● 植物油　大さじ 2

● 皮をむいた生姜のスライス 4 枚（約 4 分の 1 の大きさ）

● コーシャーソルト

● 1 ポンドのブロッコリーを一口大の小花に切る

● 細かく刻んだニンニク 2 片

手順：

a) 小さなボウルに牛肉と重曹を混ぜてコーティングします。10 分間放置します。牛肉をよく洗い、ペーパータオルで軽く叩いて水分を拭き取ります。

b) 別の小さなボウルにコーンスターチと水大さじ 2 を入れてかき混ぜ、オイスターソース、酒、黒糖、海鮮醤を加えて混ぜます。脇に置いておきましょう。

c) 水滴がジュウジュウと音を立てて接触すると蒸発するまで、中華鍋を中強火で加熱します。油を注ぎ、回して中華鍋の底をコーティングしま

す。生姜と塩ひとつまみを加えて油に味付けします。生姜を油の中で約30秒間、静かに渦巻きながらジュージューと音を立てるようにします。中華鍋に牛肉を加え、ピンク色でなくなるまで3〜4分炒めます。牛肉をボウルに移し、置いておきます。

d) ブロッコリーとニンニクを加えて1分間炒め、残りの大さじ2の水を加えます。中華鍋の蓋をし、ブロッコリーが柔らかくなるまで 6〜8 分間蒸します。

e) 牛肉を中華鍋に戻し、ソースが完全にコーティングされ、ソースが少し濃くなるまで、2〜3 分間かき混ぜます。生姜を取り除き、お皿に移し、熱いうちにお召し上がりください。

63. 牛肉のブラックペッパー炒め

材料：

- オイスターソース　大さじ 1
- 紹興酒　大さじ 1
- コーンスターチ　小さじ 2
- 薄口醤油　小さじ 2
- 挽いた白胡椒
- 砂糖　小さじ 1/4
- 3/4 ポンドの牛テンダーロインチップまたはサーロインチップを 1 インチの大きさに切ります。
- 植物油　大さじ 3
- 皮をむいた生姜のスライス 3 枚（それぞれ約 4 分の 1 の大きさ）
- コーシャーソルト
- ピーマン 1 個、幅 1/2 インチの細切りに切る
- 小さな赤玉ねぎ 1 個、薄くスライスします
- 挽きたての黒コショウ　小さじ 1、または好みでそれ以上
- ごま油　小さじ 2

手順：

a)　ミキシングボウルに、オイスターソース、ワイン、コーンスターチ、薄口醤油、白コショウ少々、砂糖を入れて混ぜ合わせます。牛肉を炒めて10分間マリネします。

b)　水滴がジュウジュウと音を立てて接触すると蒸発するまで、中華鍋を中強火で加熱します。植物油を注ぎ、回して中華鍋の底を塗ります。生姜と塩ひとつまみを加えます。生姜を油の中で約30秒間、静かに渦巻きながらジュージューと音を立てるようにします。

c)　トングを使用して牛肉を中華鍋に移し、残ったマリネを捨てます。中華鍋で1〜2分間、または茶色の表面が焼けるまで焼きます。牛肉を裏返し、反対側も焼き、さらに2分ほど焼きます。さらに1〜2分間中華鍋で裏返したり炒めたりしてから、牛肉を清潔なボウルに移します。

d)　ピーマンと玉ねぎを加え、2〜3分間、または野菜に光沢があり柔らかく見えるまで炒めます。牛肉を中華鍋に戻し、黒コショウを加えてさらに1分間炒めます。

e)　生姜を取り除いて皿に移し、ごま油を回しかける。温かいままお召し上がりください。

64. セサミビーフ

材料：

- 薄口醤油 大さじ 1
- ごま油 大さじ 2（分けて）
- コーンスターチ 小さじ 2（割る）
- 1 ポンドのハンガー、スカート、または平らな鉄のステーキを 1/4 インチの厚さのストリップに切ります
- 絞りたてのオレンジジュース 1/2 カップ
- 米酢 小さじ 1/2
- シラチャー 小さじ 1（お好みで）
- ライトブラウンシュガー 小さじ 1
- コーシャーソルト
- 挽きたての黒コショウ
- 植物油 大さじ 3（小分け）
- 皮をむいた生姜のスライス 4 枚（それぞれ約 4 分の 1 の大きさ）
- 小さな黄玉ねぎ 1 個（薄くスライス）
- ニンニク 3 片（みじん切り）
- 白ごま 大さじ 1/2（飾り用）

手順：

a) 大きなボウルに薄口大豆、ごま油大さじ 1、コーンスターチ小さじ 1 を入れてコーンスターチが溶けるまで混ぜます。牛肉を加えてマリネにまぜます。ソースを準備している間、10 分間マリネします。

b) ガラスの計量カップに、オレンジジュース、残りの大さじ 1 杯のごま油、米酢、シラチャ（使用する場合）、黒砂糖、残りの小さじ 1 杯のコーン

スターチ、および塩とコショウ各少々を混ぜ合わせます。コーンスターチが溶けるまでかき混ぜ、脇に置きます。

c) 水滴がジュウジュウと音を立てて接触すると蒸発するまで、中華鍋を中強火で加熱します。大さじ 2 杯の植物油を注ぎ、中華鍋の底を覆うように回します。生姜と塩ひとつまみを加えて油に味付けします。生姜を油の中で約 30 秒間、静かに渦巻きながらジュージューと音を立てるようにします。

d) トングを使って牛肉を中華鍋に移し、マリネを捨てます。中華鍋で 2〜3 分間焼きます。ひっくり返して反対側も 1〜2 分焼きます。中華鍋で素早くひっくり返してさらに 1 分間炒めます。清潔なボウルに移します。

e) 残りの大さじ 1 の植物油を加え、玉ねぎを炒めます。タマネギが半透明に見えるが食感はまだしっかりしているまで、タマネギを中華鍋のヘラで 2〜3 分間手早く炒め、投げたり裏返したりします。にんにくを加えてさらに 30 秒炒めます。

f) ソースを回し入れ、ソースが濃くなり始めるまで調理を続けます。牛肉を中華鍋に戻し、牛肉と玉ねぎにソースがかかるようにひっくり返します。塩、こしょうで味を調えます。

g) 皿に移し、生姜を捨て、ごまをふり、温かいうちにお召し上がりください。

65. モンゴル牛肉

材料：

● 紹興酒　大さじ 2

● 濃口醤油　大さじ 1

● コーンスターチ　大さじ 1（割る）

● 3/4 ポンドのフランクステーキを繊維に反して 1/4 インチの厚さのスライスに切ります

● 低ナトリウムチキンスープ　1/4 カップ

● ライトブラウンシュガー　大さじ 1

● 植物油　1 カップ

● 丸ごとの乾燥赤唐辛子　4〜5 本

● ニンニク　4 片（粗く刻む）

● 皮をむいて細かく刻んだ新生姜　小さじ 1

● 黄玉ねぎ　1/2 個（薄切り）

● 粗く刻んだ新鮮なコリアンダー　大さじ 2

手順：

a) ミキシングボウルに、ライスワイン、黒大豆、コーンスターチ大さじ 1 を入れて混ぜます。スライスしたフランクステーキを加えて混ぜます。脇に置いて 10 分間マリネします。

b) 中華鍋に油を注ぎ、中火〜強火で 375℉ に加熱します。木のスプーンの先を油に浸すと、油が適切な温度であることがわかります。油が泡立ち、ジュウジュウと音をたてたら出来上がりです。

c) 牛肉をマリネから取り出し、マリネは取っておきます。牛肉を油に加え、黄金色になるまで 2〜3 分間炒めます。中華鍋スキマーを使用して

、牛肉を清潔なボウルに移し、脇に置きます。マリネボウルに鶏がらスープと黒砂糖を加えて混ぜ合わせます。

d) 中華鍋から油大さじ 1 を除いてすべて注ぎ、中火にかけます。唐辛子、ニンニク、生姜を加えます。アロマをオイルの中で約 10 秒間、静かにかき混ぜながらジュウジュウと音を立てるのを待ちます。

e) 玉ねぎを加え、1〜2 分間、または玉ねぎが柔らかく半透明になるまで炒めます。チキンスープの混合物を加えて混ぜ合わせます。約 2 分間煮て、牛肉を加えてさらに 30 秒間混ぜます。

f) 大皿に移し、コリアンダーを飾り、温かいうちにお召し上がりください。

66. 四川牛肉とセロリとニンジン添え

材料：

- 紹興酒　大さじ 2
- 濃口醤油　大さじ 1
- ごま油　小さじ 2
- 3/4 ポンドのフランクステーキまたはハラミステーキ、繊維に沿ってカット
- 海鮮醤　大さじ 1
- 薄口醤油　小さじ 2
- コーンスターチ　大さじ 2（割る）
- 中国五香粉　小さじ 1/4
- 砕いた四川山椒　小さじ 1
- 皮をむいた生姜のスライス 4 枚
- 軽く潰したニンニク 3 片
- セロリの茎 2 本（3 インチの千切り）
- 皮をむき、3 インチの千切りにした大きなニンジン 1 本
- ねぎ 2 本（薄くスライス）

手順：

a) ミキシングボウルに、米酒、黒大豆、ごま油を入れて混ぜ合わせます。

b) 牛肉を加えて混ぜ合わせます。10 分間放置します。

c) 小さなボウルに海鮮醬、薄口しょうゆ、水、コーンスターチ大さじ 1、五香粉を入れて混ぜます。脇に置いておきましょう。

d) 水滴がジュウジュウと音を立てて接触すると蒸発するまで、中華鍋を中強火で加熱します。植物油を注ぎ、回して中華鍋の底を塗ります。コショウ、生姜、ニンニクを加えて油に味付けします。アロマをオイルの中で約 10 秒間、静かにかき混ぜながらジュウジュウと音を立てるのを待ちます。

e) 牛肉に残りの大さじ 1 杯のコーンスターチを入れて混ぜ、中華鍋に加えます。牛肉を中華鍋の側面に押し付けて 1〜2 分間、または黄金色の焼き目がつくまで焼きます。ひっくり返して反対側もさらに 1 分焼きます。牛肉のピンク色がなくなるまで、さらに約 2 分間裏返します。

f) 牛肉を中華鍋の側面に移動し、セロリとニンジンを中央に追加します。野菜が柔らかくなるまで、さらに 2〜3 分間炒め、ひっくり返します。海鮮醬を混ぜて中華鍋に注ぎます。牛肉と野菜にソースを絡めながら、ソースにとろみがつきつややかになるまで 1〜2 分炒め続けます。生姜とニンニクを取り出して捨てる。

67. 海神ビーフレタスカップ

材料：

● 牛ひき肉　3/4 ポンド

● コーンスターチ　小さじ 2

● コーシャーソルト

● 挽きたての黒コショウ

● 植物油　大さじ 3（小分け）

● 皮をむいて細かく刻んだ生姜　大さじ 1

● 細かく刻んだニンニク　2 片

● 皮をむいて千切りにしたニンジン　1 本

● ヒシの実　1 缶（4 オンス）をさいの目に切り、水気を切って洗います

● 海鮮醤　大さじ 2

● ねぎ　3 本、白い部分と青い部分を分けて、薄くスライスします。

● 幅広のアイスバーグ（またはビブ）レタスの葉　8 枚、きれいな丸いカップ状に切りそろえる

手順：

a) ボウルに牛肉にコーンスターチを入れ、塩、こしょう各少々をまぶします。よく混ぜて結合させます。

b) 水の玉がジュウジュウと音を立てて接触すると蒸発するまで、中華鍋を中強火で加熱します。大さじ 2 杯の油を注ぎ、回して中華鍋の底を塗ります。牛肉を加えて両面に焼き色をつけ、牛肉がピンク色でなくなるまで 3〜4 分間、牛肉をほぐしてひっくり返します。牛肉を清潔なボウルに移し、脇に置きます。

c) 中華鍋をきれいに拭き、中火に戻します。残りの油大さじ 1 を加え、生姜とにんにくを塩ひとつまみ加えてさっと炒める。にんにくの香りが立ってきたら、にんじんとヒシの実を入れ、にんじんが柔らかくなるまで 2 〜3 分炒めます。火を中火に下げ、牛肉を中華鍋に戻し、海鮮ソースとネギの白身を加えて和えます。さらに約 45 秒間混ぜ合わせます。

d) レタスの葉を皿ごとに 2 枚ずつ広げ、牛肉混合物をレタスの葉に均等に分けます。ねぎの葉っぱを飾り、ソフトタコスのように食べます。

68. ポークチョップの玉ねぎ炒め

材料：

- 骨なし豚ロースチョップ 4 枚
- 紹興酒 大さじ 1
- 挽きたての黒コショウ 小さじ 1/2
- コーシャーソルト
- 植物油 3 カップ
- コーンスターチ 大さじ 2
- 皮をむいた生姜のスライス 3 枚（それぞれ約 4 分の 1 の大きさ）
- 中型の黄玉ねぎ 1 個、薄切り
- 細かく刻んだニンニク 2 片
- 薄口醤油 大さじ 2
- 濃口醤油 小さじ 1
- 赤ワインビネガー 小さじ 1/2
- 砂糖

手順：

a) ポークチョップを肉槌で厚さ 1/2 インチになるまで叩きます。ボウルに入れ、酒、コショウ、塩少々で味を調えます。10 分間マリネします。

b) 中華鍋に油を注ぎます。オイルの深さは約 1 ～ 1.5 インチでなければなりません。中強火で油を 375°F まで加熱します。木のスプーンの先を油に浸すと、油が適切な温度であることがわかります。油が泡立ち、ジュウジュウと音をたてたら出来上がりです。

c) 2 回に分けてチョップにコーンスターチをまぶします。1 つずつ油にゆっくりと下げ、きつね色になるまで 5～6 分間揚げます。ペーパータオルを敷いた皿に移します。

d) 中華鍋から油大さじ 1 を除いてすべて注ぎ、中火にかけます。生姜と塩ひとつまみを加えて油に味付けします。生姜を油の中で約 30 秒間、静かに渦巻きながらジュージューと音を立てるようにします。

e) 玉ねぎが半透明になって柔らかくなるまで約 4 分間炒めます。ニンニクを加え、さらに 30 秒間、または香りが出るまで炒めます。ポークチョップと一緒にお皿に移します。

f) 中華鍋に薄口醤油、濃口醤油、赤ワインビネガー、砂糖ひとつまみを入れてかき混ぜます。沸騰させ、玉ねぎとポークチョップを中華鍋に戻します。ソースが少し濃くなり始めたら、混ぜ合わせます。生姜を取り出して捨てます。大皿に移し、すぐにお召し上がりください。

69.　ファイブスパイスポークとチンゲンサイ

材料：

- 薄口醤油　大さじ 1
- 紹興酒　大さじ 1
- 中華五香粉　小さじ 1
- コーンスターチ　小さじ 1
- ライトブラウンシュガー　小さじ 1/2
- 豚ひき肉　3/4 ポンド
- 植物油　大さじ 2
- 皮をむき、軽く潰したニンニク　2 片
- コーシャーソルト
- チンゲン菜　2〜3 本を斜めに切り、食べやすい大きさに切る。
- 皮をむいて千切りにしたニンジン　1 本
- 炊き込みご飯、盛り付け用

手順：

a) ボウルに薄口醤油、酒、五香粉、コーンスターチ、黒糖を入れてよく混ぜます。豚肉を加えてさっくり混ぜてひとまとめにする。10 分間マリネします。

b) 水滴がジュウジュウと音を立てて接触すると蒸発するまで、中華鍋を中強火で加熱します。油を注ぎ、回して中華鍋の底をコーティングします。ニンニクと塩ひとつまみを加えて油に味付けします。にんにくを油の中で約 10 秒間、静かにかき混ぜながらジュージューと音を立てるようにします。

c) 中華鍋に豚肉を加え、1〜2 分間、または黄金色の皮ができるまで中華鍋の壁に押し付けて焼きます。ひっくり返して反対側もさらに 1 分焼きます。ひっくり返して豚肉をさらに 1〜2 分間炒め、ピンク色でなくなるまで豚肉を崩し、かたまりにします。

d) チンゲンサイとニンジンを加えて混ぜ、裏返して豚肉と混ぜ合わせます。ニンジンとチンゲンサイが柔らかくなるまで、2〜3 分間炒め続けます。お皿に移し、温かいご飯と一緒にお召し上がりください。

70. 海神豚炒め

材料：

- 紹興酒　小さじ 2
- 薄口醤油　小さじ 2
- チリペースト　小さじ 1/2
- 3/4 ポンドの骨なし豚ロース肉を千切りに薄くスライスする
- 植物油　大さじ 2
- 皮をむいた生姜のスライス 4 枚（それぞれ約 4 分の 1 の大き
- コーシャーソルト
- 4 オンスのサヤエンドウ、斜めに薄くスライス
- 海鮮醤　大さじ 2
- 水　大さじ 1

手順：

a) ボウルに、ライスワイン、薄口醤油、チリペーストを入れて混ぜます。豚肉を加えて和える。10 分間マリネします。

b) 水滴がジュウジュウと音を立てて接触すると蒸発するまで、中華鍋を中強火で加熱します。油を注ぎ、回して中華鍋の底をコーティングします。生姜と塩ひとつまみを加えて油に味付けします。生姜を油の中で約 30 秒間、静かに渦巻きながらジュージューと音を立てるようにします。

c) 豚肉とマリネを加え、ピンク色でなくなるまで 2〜3 分間炒めます。サヤエンドウを加え、柔らかく半透明になるまで約 1 分間炒めます。海鮮醤と水を加えて混ぜ、ソースをほぐします。30 秒間、またはソースに火が通って豚肉とサヤエンドウがコーティングされるまで、ひっくり返し続けます。

d) お皿に移し、温かいうちにお召し上がりください。

71. 回鍋肉豚バラ肉

材料：

- 1 ポンドの骨なし豚バラ肉
- ブラックビーンソースまたは市販のブラックビーンソース　1/3 カップ
- 紹興酒　大さじ 1
- 濃口醤油　小さじ 1
- 砂糖　小さじ 1/2
- 植物油　大さじ 2 （小分け）
- 皮をむいた生姜のスライス　4 枚
- コーシャーソルト
- ネギ 1 本　縦半分に切り、斜めに切る
- 赤ピーマン 1/2 個 （スライス）

手順：

a) 大きめの鍋に豚肉を入れ、かぶるくらいの水を注ぎます。鍋を沸騰させてから弱火にします。蓋をせずに 30 分間、または豚肉が柔らかくなり火が通るまで煮ます。穴あきスプーンを使用して、豚肉をボウルに移し（調理液を捨てます）、冷まします。

b) 数時間または一晩冷蔵します。豚肉が冷めたら、厚さ 1/4 インチに薄くスライスし、脇に置きます。豚肉は完全に冷めてから切ると薄くスライスしやすくなります。

c) ガラスの計量カップに黒豆ソース、酒、濃口醤油、砂糖を入れて混ぜ合わせ、置いておきます。

d) 水滴がジュウジュウと音を立てて接触すると蒸発するまで、中華鍋を中強火で加熱します。大さじ 1 杯の油を注ぎ、中華鍋の底を覆うように回します。生姜と塩ひとつまみを加えて油に味付けします。生姜を油の中で約 30 秒間、静かに渦巻きながらジュージューと音を立てるようにします。

e) 数回に分けて、豚肉の半分を中華鍋に移します。中華鍋で 2〜3 分間焼きます。ひっくり返して反対側をさらに 1〜2 分、豚肉がカールし始めるまで焼きます。清潔なボウルに移します。残りの豚肉でも繰り返します。

f) 残りの大さじ 1 杯の油を加えます。ネギと赤ピーマンを加え、ネギが柔らかくなるまで 1 分間炒めます。ソースを回し入れて香りが出るまで炒めます。豚肉を鍋に戻し、全体に火が通るまでさらに 2〜3 分間炒め続けます。生姜のスライスを捨て、皿に移します。

72. ムーシューポークのスキレットパンケーキ添え

材料：

パンケーキ用

- 中力粉 1¾カップ
- 熱湯 3/4 カップ
- コーシャーソルト
- ごま油 大さじ 3

ムーシュポークの場合

- 薄口醤油 大さじ 2
- コーンスターチ 小さじ 1
- 紹興酒 小さじ 1
- 挽いた白胡椒
- 3/4 ポンドの骨なし豚ロース肉を繊維に沿ってスライス
- 植物油 大さじ 3
- 細かく刻んだ新生姜の皮をむいた小さじ 2
- 皮をむいて 3 インチの長さに薄く千切りにした大きなニンジン 1 本
- 新鮮なキクラゲ 6 〜 8 個、千切りにします。
- 小玉の緑キャベツ 1/2 個（千切り）
- ねぎ 2 本、1/2 インチの長さに切る
- タケノコをスライスし、水を切って千切りにする 1 缶（4 オンス）
- 梅ソース 1/4 カップ（サービング用）

手順：

パンケーキを作るには

a) 大きなミキシングボウルに、木のスプーンを使用して、小麦粉、熱湯、塩ひとつまみを入れて混ぜます。毛羽立った生地になるまですべて混ぜ合わせます。生地を打ち粉をしたまな板に移し、手で約4分間、または滑らかになるまでこねます。生地は熱いので、手を保護するために使い捨て手袋を着用してください。生地をボウルに戻し、ラップで包みます。30分間休ませます。

b) 生地を手で伸ばして長さ12インチの丸太の形にします。丸い形を保ったまま丸太を12等分に切り、メダリオンを作ります。メダリオンを手のひらで平らにし、表面にごま油を塗ります。油を塗った面を一緒に押して、二重になった生地を6枚重ねます。

c) 各スタックを丸めて、直径7～8インチの1枚の薄い丸いシートにします。両面を均等な薄さにするには、パンケーキを転がしながらひっくり返し続けるのが最善です。

d) 鋳鉄製のフライパンを中火で加熱し、パンケーキを片面ずつ約1分間、わずかに半透明になり膨らみ始めるまで焼きます。ひっくり返して反対側も焼き、さらに30秒間焼きます。パンケーキをキッチンタオルを敷いた皿に移し、2枚のパンケーキを慎重に引き離します。

ムーシューポークを作るには

e) ミキシングボウルに薄口大豆、コーンスターチ、ライスワイン、白コショウひとつまみを入れて混ぜます。スライスした豚肉を加えて混ぜ、10分間マリネします。

f) 水滴がジュウジュウと音を立てて接触すると蒸発するまで、中華鍋を中強火で加熱します。植物油を注ぎ、回して中華鍋の底を塗ります。

生姜と塩ひとつまみを加えて油に味付けします。生姜を油の中で約 10 秒間、静かに渦巻きながらジュージューと音を立てるようにします。

g) 豚肉を加え、ピンク色でなくなるまで 1〜2 分炒める。にんじんとキノコを加え、さらに 2 分間、またはにんじんが柔らかくなるまで炒め続けます。キャベツ、ネギ、タケノコを加え、さらに 1 分間、または火が通るまで炒めます。ボウルに移し、パンケーキの中央にポークフィリングをスプーンですくって梅ソースをかけていただきます。

73. ポークスペアリブの黒豆ソース添え

材料：

● 1 ポンドのポークスペアリブを幅 1 1/2 インチのストリップに横に切ります。

● 白コショウ　小さじ 1/4

● ブラックビーンソースまたは市販のブラックビーンソース　大さじ 2

● 紹興酒　大さじ 1

● 植物油　大さじ 1

● コーンスターチ　小さじ 2

● 皮をむき、細かく刻んだ生の生姜　1/2 インチ片

● 細かく刻んだニンニク　2 片

● ごま油　小さじ 1

● ねぎ　2 本（薄くスライス）

手順：

a) リブの間をスライスして、一口大のリブレットに分けます。浅い耐熱ボウルにリブと白コショウを入れて混ぜます。黒豆ソース、ライスワイン、植物油、コーンスターチ、生姜、ニンニクを加えて混ぜ、リブレットがすべてコーティングされていることを確認します。10 分間マリネします。

b) せいろとその蓋を冷水ですすぎ、中華鍋に置きます。水を 2 インチ、または蒸し器の底縁から約 1/4〜1/2 インチ上に来るまで注ぎますが、バスケットの底に触れない程度に注ぎます。リブの入ったボウルを蒸し籠に置き、蓋をします。

c) 水を強火にして沸騰させたら、中火〜強火に下げます。中火〜強火で 20〜22 分間、またはリブレットがピンク色でなくなるまで蒸します。水を補充する必要がある場合がありますので、中華鍋で空焚きしていないか常に確認してください。

d) ボウルを蒸し籠から慎重に取り出します。リブにごま油を回しかけ、ねぎを飾ります。すぐにお召し上がりください。

74. モンゴル産子羊の炒め物

材料：

- 紹興酒　大さじ 2
- 濃口醤油　大さじ 1
- ニンニク 3 片（みじん切り）
- コーンスターチ　小さじ 2
- ごま油　小さじ 1
- 1 ポンドの骨なし子羊脚を 1/4 インチの厚さに切ります
- 植物油　大さじ 3（小分け）
- 皮をむいた生姜のスライス 4 枚（それぞれ約 4 分の 1 の大きさ）
- 丸ごとの乾燥赤唐辛子 2 本（お好みで）
- コーシャーソルト
- ネギ 4 本を長さ 3 インチに切り、縦に薄くスライスします。

手順：

a) 大きなボウルに、酒、黒大豆、ニンニク、コーンスターチ、ごま油を入れて混ぜます。子羊肉をマリネに加え、和える。10 分間マリネします。

b) 水滴がジュウジュウと音を立てて接触すると蒸発するまで、中華鍋を中強火で加熱します。大さじ 2 杯の植物油を注ぎ、中華鍋の底を覆うように回します。生姜、唐辛子（使用する場合）、ひとつまみの塩を加えてオイルに味付けします。アロマをオイルの中で約 30 秒間、静かにかき混ぜながらジュウジュウと音を立てるのを待ちます。

c) トングを使用して、子羊の半分をマリネから持ち上げ、軽く振って余分な水分を落とします。マリネを予約しておきます。中華鍋で 2〜3 分間焼きます。ひっくり返して反対側も 1〜2 分焼きます。中華鍋で素早

くひっくり返してさらに 1 分間炒めます。清潔なボウルに移します。残り
の大さじ 1 杯の植物油を加え、残りの子羊肉で同じことを繰り返しま
す。

d) 子羊肉と取っておいたマリネをすべて中華鍋に戻し、ネギを入れます
。さらに 1 分間、または子羊肉に火が通り、マリネが光沢のあるソースに
なるまで炒めます。

e) お皿に移し、生姜を捨て、温かいうちにお召し上がりください。

75. クミン風味の子羊肉

材料：

- 3/4 ポンドの子羊の骨なし脚を 1 インチの小片に切ります
- 薄口醤油　大さじ 1
- 紹興酒　大さじ 1
- コーシャーソルト
- クミンパウダー　大さじ 2
- 砕いた四川山椒　小さじ 1
- 砂糖　小さじ 1/2
- 植物油　大さじ 3（小分け）
- 皮をむいた生姜のスライス 4 枚（それぞれ約 4 分の 1 の大きさ）
- コーンスターチ　大さじ 2
- 黄玉ねぎ 1/2 個（縦に細切り）
- 丸ごとの乾燥唐辛子 6〜8 個（お好みで）
- ニンニク 4 片（薄くスライス）
- 粗く刻んだ新鮮なコリアンダー 1/2 束

手順：

a) ミキシングボウルに子羊肉、薄口大豆、酒、そして少量の塩を混ぜ合わせます。混ぜてコーティングし、15 分間または冷蔵庫で一晩マリネします。

b) 別のボウルにクミン、四川山椒、砂糖を入れて混ぜます。脇に置いておきましょう。

c) 水滴がジュウジュウと音を立てて接触すると蒸発するまで、中華鍋を中強火で加熱します。大さじ 2 杯の油を注ぎ、回して中華鍋の底を塗ります。生姜と塩ひとつまみを加えて油に味付けします。生姜を油の中で約 30 秒間、静かに渦巻きながらジュージューと音を立てるようにします。

d) 子羊肉をコーンスターチと混ぜ、熱した中華鍋に加えます。子羊肉の片面を 2〜3 分間焼き、中華鍋をひっくり返しながらさらに 1〜2 分間炒めます。子羊肉を清潔なボウルに移し、脇に置きます。

e) 残りの大さじ 1 杯の油を加え、中華鍋を覆うように回します。タマネギと唐辛子（使用する場合）を加え、3〜4 分間、またはタマネギがつやつやし始めるが柔らかくなり始めるまで炒めます。少量の塩で軽く味付けします。ニンニクとスパイスの混合物を加え、さらに 1 分間炒め続けます。

f) 子羊肉を中華鍋に戻し、さらに 1〜2 分間混ぜます。大皿に移し、生姜を捨て、コリアンダーを飾ります。

76. 子羊の生姜とネギ添え

材料：

● 子羊の骨なし脚 3/4 ポンドを 3 つに切り、繊維に沿って薄くスライスします。

● コーシャーソルト

● 紹興酒 大さじ2

● 濃口醤油 大さじ1

● 薄口醤油 大さじ1

● オイスターソース 小さじ1

● 蜂蜜 小さじ1

● ごま油 小さじ1〜2

● 粉砕四川山椒 小さじ1/2

● コーンスターチ 小さじ2

● 植物油 大さじ2

● 皮をむいて細かく刻んだ新生姜 大さじ1

● ネギ 2 本（切り落として薄くスライス）

● ニンニク 4 片（細かくみじん切り）

手順：

a) ボウルにラム肉を入れ、塩 1〜2 つまみで軽く味付けします。コーティングして 10 分間放置します。小さなボウルに、酒、濃口醤油、薄口醤油、オイスターソース、蜂蜜、ごま油、花椒、コーンスターチを入れて混ぜます。脇に置いておきましょう。

b) 水滴がジュウジュウと音を立てて接触すると蒸発するまで、中華鍋を中強火で加熱します。植物油を注ぎ、回して中華鍋の底を塗ります。

生姜と塩ひとつまみを加えて油に味付けします。生姜を油の中で約 10 秒間、静かに渦巻きながらジュージューと音を立てるようにします。

c) 子羊肉を加えて 1〜2 分間焼き、その後炒め始め、さらに 2 分間、またはピンク色でなくなるまで炒めます。清潔なボウルに移し、脇に置きます。

d) ネギとニンニクを加え、1〜2 分間、またはネギが明るい緑色で柔らかくなるまで炒めます。ラムボウルに移します。

e) ソース混合物を注ぎ、ソースが半分になり、つやが出るまで 3〜4 分間煮ます。子羊肉と野菜を中華鍋に戻し、ソースと混ぜ合わせます。

f) お皿に移し、温かいうちにお召し上がりください。

77. タイ産バジルビーフ

材料：

● 油　大さじ 2

● 12 オンスの牛肉を繊維に沿って薄くスライス

● にんにく 5 片（みじん切り）

● 赤ピーマン 1/2 個（薄くスライス）

● 小さな玉ねぎ 1 個（薄切り）

● 醤油　小さじ 2

● 濃口醤油　小さじ 1

● オイスターソース　小さじ 1

● 魚醤　大さじ 1

● 砂糖　小さじ 1/2

● タイバジルの葉 1 カップ（パック入り）

● コリアンダー（飾り用）

手順：

a) 中華鍋を強火で熱し、油を加えます。牛肉をちょうど茶色になるまで焼きます。中華鍋から取り出して脇に置きます。

b) 中華鍋ににんにくと赤唐辛子を加え、20 秒ほど炒めます。

c) 玉ねぎを加え、茶色になりわずかにカラメル状になるまで炒めます。

d) 牛肉を戻し、醤油、濃口醤油、オイスターソース、魚醤、砂糖を加えて混ぜます。

e) さらに数秒炒め、タイバジルをしおれる直前まで加えます。

f) ジャスミンライスを添え、コリアンダーを添えます。

78. 中華バーベキューポーク

8 人分

材料：

● 豚肩肉/豚尻肉 3 ポンド（1.4kg）（脂ののった部位を選んでください）

● 砂糖 1/4 カップ（50g）

● 塩 小さじ 2

● 五香粉 小さじ 1/2

● 白コショウ 小さじ 1/4

● ごま油 小さじ 1/2

● 紹興酒 大さじ 1 または

● 中国の梅酒

● 醤油 大さじ 1

● 海鮮醤 大さじ 1

● 糖蜜 小さじ 2

● 細かく刻んだニンニク 3 片

● 麦芽糖または蜂蜜 大さじ 2

● 熱湯 大さじ 1

手順：

a) 豚肉を厚さ約 3 インチの長いストリップまたは塊に切ります。余分な脂肪は取り除かず、風味を加えないでください。

b) ボウルに砂糖、塩、五香粉、白胡椒、ごま油、ワイン、醤油、海鮮醤、糖蜜、着色料（使用する場合）、にんにくを入れてマリネ液を作ります。

c) マリネを大さじ 2 杯ほど取っておきます。大きなボウルまたはグラタン皿に豚肉を残りのマリネとこすりつけます。蓋をして冷蔵庫で一晩、または少なくとも 8 時間冷蔵します。取っておいたマリネも同様に蓋をして冷蔵庫に保管します。

d) オーブンの上 3 分の 1 にラックを置き、オーブンを最高設定 (475 〜 550 度 F または 250 〜 290 度 C) に予熱します。シートパンにホイルを敷き、その上に金属ラックを置きます。豚肉をラックに置き、豚肉の間にできるだけ隙間を作ります。ラックの下のパンに 1 1/2 カップの水を注ぎます。これにより、液だれが燃えたり発煙したりするのを防ぎます。

e) 豚肉を予熱したオーブンに移し、25 分間ローストします。25 分経ったら豚肉を裏返します。鍋の底が乾いている場合は、水をもう一杯加えます。均一に焼けるようにパンを 180 度回転させます。さらに 15 分焼きます。

f) その間に、取っておいたマリネを麦芽糖または蜂蜜と大さじ 1 杯のお湯と混ぜ合わせます。

g) 40 分後、豚肉に焼き色を付けてひっくり返し、反対側にも焼き色を付ける。最後に 10 分間焼きます。

h) 50 分後、豚肉に火が通り、表面がカラメル状になるはずです。お好みのキャラメリゼになっていない場合は、ブロイラーを数分間オンにして外側をカリカリにし、色や風味を加えることができます。

79. BBQ 豚まん

バンズが 10 個作れます

材料：

蒸しパン生地の場合：

● 活性ドライイースト　小さじ 1

● 温水　¾カップ

● 中力粉　2 カップ

● コーンスターチ　1 カップ

● 砂糖　大さじ 5

● キャノーラ油または植物油　1/4 カップ

● ベーキングパウダー　小さじ 2 と 1/2

詰め物について：

● 油　大さじ 1

● 細かく刻んだシャロットまたは赤玉ねぎ　1/3 カップ

● 砂糖　大さじ 1

● 薄口醤油　大さじ 1

● オイスターソース　大さじ 1 と 1/2

● ごま油　小さじ 2

● 濃口醤油　小さじ 2

● チキンストック　1/2 カップ

● 中力粉　大さじ 2

● 角切りにした中華ローストポーク　1 と 1/2 カップ

手順：

a) 生地フックアタッチメントを取り付けた電動ミキサーのボウル（通常の
ミキシングボウルを使用して手でこねることもできます）で、小さじ 1 杯
のアクティブドライイーストを 3/4 カップの温水に溶かします。小麦粉とコ
ーンスターチを一緒にふるいにかけ、砂糖と油と一緒にイースト混合物に
加えます。

b) ミキサーのスイッチを最低設定にし、滑らかな生地のボールが形成さ
れるまで放置します。湿らせた布巾をかぶせて 2 時間ほど放置します。
（ベーキングパウダーは後から加えます！）

c) 生地を休ませている間に肉フィリングを作ります。中華鍋に油大さじ
1 を中火で熱します。エシャロット/玉ねぎを加え、1 分間炒めます。火
を中弱火にして、砂糖、薄口醤油、オイスターソース、ごま油、濃口醤
油を加えます。混合物が泡立ち始めるまでかき混ぜて調理します。チキ
ンストックと小麦粉を加え、とろみがつくまで 3 分間煮ます。火から下ろ
し、ローストポークを加えて混ぜます。冷ますために置いておきます。事前
にフィリングを作った場合は、乾燥を防ぐためにカバーをして冷蔵庫で保
管してください。

d) 生地を 2 時間休ませた後、ベーキングパウダーを生地に加え、ミキ
サーを最低設定にします。この時点で、生地が乾燥しているように見える
場合、またはベーキングパウダーを組み込むのが難しい場合は、小さじ 1
～2 杯の水を追加します。生地が再び滑らかになるまで優しくこねます
。湿らせた布巾をかぶせてさらに 15 分ほど放置します。その間に、大き
なクッキングシートを用意し、4x4 インチの正方形 10 枚に切ります。
水を沸騰させて蒸し器を準備します。

e) これで、バンズを組み立てる準備が整いました。生地を長い筒状に丸めて、10 等分に分割します。生地の各部分を直径約 4 1/2 インチの円盤に押し込みます (中央が厚く、端の周りが薄くなるはずです)。フィリングを加えて、上部が閉じるまでバンズを折ります。

f) それぞれのパンをクッキングシートの上に置き、蒸します。せいろ蒸しパンを 2 回に分けて蒸しました。

g) 水が沸騰したら、バンズを蒸し器に入れ、強火で各バッチを 12 分間蒸します。

80. 広東風豚バラ肉のロースト

6〜8 人分

材料：

● 皮付きの豚バラ肉　3　ポンド

● 紹興酒　小さじ 2

● 塩　小さじ 2

● 砂糖　小さじ 1

● 五香粉　小さじ 1/2

● 白コショウ　小さじ 1/4

● 米酢　小さじ 1 と 1/2

● 粗海塩　1/2 カップ

手順：

a) 豚バラ肉を洗い、軽くたたいて乾かします。皮を下にしてトレイに置き、紹興酒を肉（皮ではなく）にすり込みます。塩、砂糖、を混ぜ合わせます

b) 五香粉と白胡椒。このスパイス混合物を肉にもしっかりとすり込みます。肉を皮側が上になるようにひっくり返します。

c) で、次のステップですが、実は飲食店で使う専用の道具があるのですが、今回は鋭利な金属串を使いました。皮膚全体に系統的に穴を開けると、皮膚が滑らかで革のような状態になるのではなく、パリパリになります。穴が多ければ多いほど良いです。また、十分に深く入っていることを確認してください。下の脂肪層のすぐ上で停止します。

d) 豚バラ肉を蓋をせずに冷蔵庫で 12〜24 時間乾燥させます。

e) オーブンを 375°F に予熱します。大きなアルミホイル（丈夫なホイルが最適です）をベーキングトレイに置き、豚肉の周りの側面をぴったりと

折り曲げて、全体を囲むような箱を作ります。 、高さ 1 インチの境界線が側面を一周しています。

f) 豚皮の上に米酢を刷毛で塗ります。豚肉が完全に覆われるように、海塩を皮の上に均等に 1 層に詰めます。オーブンに入れて 1 時間 30 分焼きます。豚バラ肉にリブがまだ付いている場合は、1 時間 45 分間ローストします。

g) 豚肉をオーブンから取り出し、ブロイラーのスイッチを弱にし、オーブンラックを最も低い位置に置きます。豚バラ肉から海塩の上層を取り除き、ホイルを広げ、フライパンの上にローストラックを置きます。豚バラ肉をラックに置き、ブロイラーの下に戻してカリカリにします。これには 10 〜 15 分かかります。

h) 皮が膨らみ、カリカリになったらオーブンから取り出します。15 分ほど放置します。スライスしてお召し上がりください！

81.   ココナッツカレーヌードルスープ

材料：

● 油　大さじ 2

● にんにく 3 片（みじん切り）

● 新生姜（すりおろしたもの）　大さじ 1

● タイ風レッドカレーペースト　大さじ 3

● 8 オンスの骨なし鶏の胸肉またはもも肉、スライス

● チキンスープ 4 カップ

● 水 1 カップ

● 魚醤　大さじ 2

● ココナッツミルク 2/3 カップ

● 6 オンスの乾燥ビーフン麺

● ライム 1 個（果汁入り）

手順：

a) スライスした赤玉ねぎ、赤唐辛子、コリアンダー、ネギを飾りに

b) 大きな鍋に油、ニンニク、生姜、タイ風レッドカレーペーストを入れて中火にかけます。香りが立つまで 5 分間炒めます。

c) 鶏肉を加え、鶏肉が不透明になるまで数分間調理します。

d) チキンスープ、水、魚醤、ココナッツミルクを加えます。沸騰させます。

e) この時点で、スープの塩味を味見して、それに応じて味を調整してください。

f) 沸騰したスープをボウルに入れた乾燥春雨麺の上に注ぎ、ライムの絞り汁と付け合わせを加えて、お召し上がりください。麺は数分で食べられます。

82. スパイシーな牛肉麺のスープ

材料：

- 冷水　16 カップ
- 生姜　6 枚
- ねぎ　3 本、洗って半分に切る
- 紹興酒　1/4 カップ
- 3 ポンド　牛肩肉、1.5 インチの塊に切ります
- 油　大さじ 3
- 花椒　大さじ 1〜2
- ニンニク　2 個（皮をむく）
- 大きめの玉ねぎ　1 個、みじん切りにする
- 5 つ星のアニス
- 月桂樹の葉　4 枚
- スパイシービーンペースト　1/4 カップ
- 大きめのトマト　1 個、小さめの乱切りにする
- 薄口醤油　1/2 カップ
- 砂糖　大さじ 1
- 乾燥みかんの皮　大きめの 1 個
- お好みの生麺または乾燥小麦麺
- みじん切りネギとコリアンダー（飾り用）

手順：

a) 別のストックポットまたは大きな中華鍋に油を入れて中弱火で加熱し、四川山椒、ニンニク、玉ねぎ、八角、月桂樹の葉を加えます。ニンニクとタマネギの塊が柔らかくなり始めるまで（約5〜10分）調理します。辛味餡を入れて混ぜます。

b) 次にトマトを加えて 2 分間煮ます。最後に薄口醤油と砂糖を加えて混ぜます。火を止めます。

c) では、1 番の鍋から牛肉、生姜、ネギをすくって 2 番の鍋に移しましょう。次に、細かいメッシュのストレーナーを通してストックを注ぎます。鍋を強火にかけ、みかんの皮を加えます。蓋をしてスープを沸騰させます。すぐに火を弱め、60〜90 分煮ます。

d) 煮立ったら火を止め、蓋をしたまま、鍋をストーブの上に（火を止めて）さらに 1 時間置いて、味を馴染ませます。スープベースが完成しました。提供する前に、スープベースを再度沸騰させることを忘れないでください。

83. 黄色い卵ドロップスープ

材料：

- オーガニックチキンストック 4 カップ
- ごま油 小さじ 1/2
- 塩 小さじ 1/2
- 砂糖ひとつまみ
- 白胡椒ひとつまみ
- 黄色の食品着色料 5 滴
- コーンスターチ 1/4 カップと水 1/2 カップを混ぜたもの
- 卵 3 個（軽く溶きほぐす）
- ねぎ 1 本（みじん切り）

手順：

a) 中くらいのスープポットでチキンストックを沸騰させます。ごま油、塩、砂糖、白胡椒を加えて混ぜます。

b) 次にコーンスターチスラリーを加えます

c) スープを数分間煮て、硬さが好みに合うかどうかを確認してください。

d) 器にスープを入れ、刻みネギを乗せ、ごま油を回しかけて出来上がり！

84. シンプルなワンタンスープ

材料：

- 10 オンスのベビーチンゲン菜または類似の緑色野菜
- 豚ひき肉　1 カップ
- ごま油　大さじ 2 と 1/2
- 白胡椒ひとつまみ
- 味付け醤油　大さじ 1
- 塩　小さじ 1/2
- 紹興酒　大さじ 1
- ワンタンの皮　1 パック
- 良質のチキンストック　6 カップ
- ごま油　大さじ 1
- 白胡椒と塩で味を整える
- ねぎ　1 本（みじん切り）

手順：

a) まずは野菜をよく洗うことから始めましょう。大きめの鍋に湯を沸かし、野菜をしんなりするまで茹でます。水を切り、冷水ですすいでください。たっぷりの野菜の塊をつかみ、慎重にできるだけ多くの水を絞ります。野菜を非常に細かく刻みます（フードプロセッサーに入れてプロセスをスピードアップすることもできます）。

b) 中くらいのボウルに、細かく切った野菜、豚ひき肉、ごま油、白胡椒、醤油、塩、紹興酒を入れます。混合物が乳化し、ほぼペースト状になるまでよく混ぜます。

c) さあ、組み立てる時が来ました！小さなボウルに水を入れます。ラッパーをつかみ、指を使ってラッパーの端を湿らせます。小さじ 1 杯強のフィ

リングを真ん中に加えます。ラッパーを半分に折り、両側を押してしっかりとシールします。

d) 先ほど作った小さな長方形の下の 2 つの角を持ち、2 つの角を合わせます。確実に貼り付けるために、少量の水を使用できます。以上です！詰め物がすべてなくなるまで組み立て続けます。ワンタンがくっつかないようにクッキングシートを敷いた天板または皿にワンタンを置きます。

e) この時点で、ワンタンをラップで覆い、ベーキングシート/プレートを冷凍庫に入れ、凍ったらジップロックバッグに移します。冷凍庫で数か月保存できるので、いつでもワンタンスープを作ることができます。

f) スープを作るには、鶏がらスープを沸騰させ、ごま油、白胡椒、塩を加えます。

g) 別の鍋に水を沸騰させます。ワンタンを一つ一つ丁寧に鍋に加えます。ワンタンが底にくっつかないようにかき混ぜます。くっついても心配しないでください。調理すると取れるはずです。浮いてきたら完成です。加熱しすぎないように注意してください。

h) ワンタンを穴あきスプーンで取り出し、ボウルに入れます。ワンタンにスープを注ぎ、刻みネギを飾ります。仕える！

85. 卵スープ

材料：

● 低ナトリウムチキンスープ 4 カップ
● 皮をむいた生姜のスライス 2 枚
● 皮をむいたニンニク 2 片
● 薄口醤油 小さじ 2
● コーンスターチ 大さじ 2
● 水 大さじ 3
● 大きめの卵 2 個（軽く溶きほぐす）
● ごま油 小さじ 1
● ネギ 2 本（飾り用）

手順：

a) 中華鍋またはスープポットにスープ、生姜、ニンニク、薄口醤油を入れて沸騰させます。弱火にして 5 分間煮ます。生姜とニンニクを取り出して捨てます。

b) 小さなボウルにコーンスターチと水を入れて混ぜ、中華鍋に入れます。

c) 火を弱めて沸騰させます。溶き卵にフォークを浸し、ゆっくりかき混ぜながらスープの中に入れます。そのまま数分間スープを煮て、卵を固めます。ごま油を加えて混ぜ、スープを器に盛ります。ネギを飾ります。

86. 卵チャーハン

材料：

- 炊き込みご飯 5 カップ
- 大きめの卵 5 個（分割）
- 水 大さじ 2
- パプリカ 小さじ 1/4
- ターメリック 小さじ 1/4
- 油 大さじ 3（小分け）
- 玉ねぎ中 1 個、細かく刻む
- 赤ピーマン 1/2 個、細かく刻む
- 解凍した冷凍エンドウ豆 1/2 カップ
- 塩 小さじ 1 と 1/2
- 砂糖 小さじ 1/4
- 黒コショウ 小さじ 1/4
- ねぎ 2 本（みじん切り）

手順：

a) フォークを使ってご飯をパラパラにして崩します。炊きたてのご飯を使用する場合は、ふっくらさせる前に、蒸気が止まるまで蓋をせずに台の上に置きます。

b) 1つのボウルに卵3個を入れて溶きます。別のボウルに残りの卵2個を入れ、水大さじ 2、パプリカ、ターメリックを加えて混ぜます。これら 2つのボウルを脇に置きます。

c) 中華鍋を中火にかけ、油大さじ 2 を加えます。溶き卵（調味料なし）3 個を加えてスクランブルします。中華鍋から取り出して脇に置きます。

d) 中華鍋を強火で加熱し、最後の油大さじ 1 を加えます。みじん切りの玉ねぎとピーマンを加えます。1〜2 分間炒めます。次に、米を加え、米を均一に加熱するためにすくうような動きで 2 分間炒めます。中華鍋のスパチュラを使って、米の塊を平らにして砕きます。

e) 次に、残りの生卵とスパイスを混ぜ合わせたものをご飯の上に注ぎ、米粒全体が卵でコーティングされるまで約 1 分間炒めます。

f) エンドウ豆を加え、さらに 1 分間炒め続けます。次に、ご飯に塩、砂糖、黒胡椒を加えて混ぜます。お米から蒸気が出ているのが見えるはずです。これは、お米がしっかりと加熱されていることを意味します。

87. 定番の豚チャーハン

材料：

● 熱湯 大さじ 1

● 蜂蜜 小さじ 1

● ごま油 小さじ 1

● 紹興酒 小さじ 1

● 醤油 大さじ 1

● 濃口醤油 小さじ 1

● 白コショウ 小さじ 1/4

● 炊いた白米 5 カップ

● 油 大さじ 1

● 玉ねぎ中 1 個 （みじん切り）

● 1 ポンドの中華バーベキュー豚肉を細かく切ります

● スクランブルエッグ 2 個

● 緑豆もやし 1/2 カップ

● ねぎ 2 本 （みじん切り）

手順：

a) まずは小さなボウルにお湯、はちみつ、ごま油、紹興酒、醤油、濃口醤油、白胡椒を入れて混ぜます。

b) 炊き上がったご飯をフォークか手でほぐします。

c) 中華鍋を中火にかけ、油大さじ 1 を加え、玉ねぎを透き通るまで炒めます。ローストポークを加えて炒めます。ご飯を加えてよく混ぜます。混合ソースと塩を加え、ご飯がソースで均一にコーティングされるまですくいながら混ぜます。

d) 卵、緑豆もやし、ねぎを加えます。さらに 1 〜 2 分よく混ぜてお召し上がりください。

88. 醉麵

材料：

鶏肉とマリネの場合:

- 水　大さじ 2
- 12 オンスのスライスした鶏もも肉または鶏の胸肉
- 醤油　小さじ 1
- 油　小さじ 1
- コーンスターチ　小さじ 2

料理の残りの部分については、次のとおりです。

- 幅 8 オンスの乾燥ビーフン、調理済み
- ブラウンシュガー小さじ 1 と 1/2 をお湯大さじ 1 に溶かす
- 醤油　小さじ 2
- 濃口醤油　小さじ 1
- 魚醤　大さじ 1
- オイスターソース　小さじ 2
- 挽いた白コショウ　ひとつまみ
- 植物油またはキャノーラ油　大さじ 3 （分割）
- にんにく 3 片 （みじん切り）
- 生のおろし生姜　小さじ 1/4
- エシャロット 2 個（スライス）（約 1/3 カップ）
- ネギ 1 本（3 インチの小片に千切り）
- タイ産赤唐辛子 4 本（種を取り除いて千切りにする）
- ゆるく詰めたホーリーバジルまたはタイバジル 1 カップ
- ベビーコーン 5〜6 個、半分に割る（お好みで）
- 紹興酒　小さじ 2

手順：

a) スライスした鶏肉に大さじ 2 の水を手で混ぜ、鶏肉が水分を吸収します。醤油、油、コーンスターチを加え、鶏肉が均一にコーティングされるまで混ぜます。20 分間放置します。

b) 溶かした黒糖混合物、醤油、魚醤、オイスターソース、白コショウを小さなボウルに入れて混ぜ合わせ、脇に置きます。

c) 中華鍋を煙が出る寸前まで加熱し、大さじ 2 杯の油を中華鍋の周囲に広げます。鶏肉を加え、約 90％火が通るまで片面 1 分ずつ焼きます。中華鍋から取り出して脇に置きます。熱が十分に高く、肉を正しく焼いた場合、中華鍋はまだ何もくっつかずにきれいなはずです。そうでない場合は、中華鍋を洗ってビーフンがくっつくのを防ぐことができます。

d) 中華鍋を強火にかけ、油大さじ 1、にんにく、すりおろし生姜を加えます。

e) 数秒後、エシャロットを加えます。20 秒ほど炒め、ネギ、唐辛子、バジル、ベビーコーン、紹興酒を加えます。さらに 20 秒ほど炒め、ビーフンを加えます。麺が温まるまで、さらに 1 分間すくう動作ですべてを混ぜます。

f) 次に、準備しておいたタレを加え、麺の色が均一になるまで強火で約 1 分間炒めます。くっつかないように、金属製のヘラを使って中華鍋の底をこすってください。

g) 焼いた鶏肉を加え、さらに 1〜2 分炒めます。仕える！

89. 四川担々麺

材料：

ラー油の場合:

- 四川山椒　大さじ 2
- 長さ 1 インチのシナモン片
- 2 つ星アニス
- 油　1 カップ
- 砕いた赤唐辛子のフレーク　1/4 カップ

肉とスイミーヤサイの場合：

- 油　小さじ 3 （小分け）
- 8 オンスの豚ひき肉
- 甜麺醤または海鮮醤　小さじ 2
- 紹興酒　小さじ 2
- 濃口醤油　小さじ 1
- 五香粉　小さじ 1/2
- スイミーヤサイ　1/3 カップ

ソース用：

- ゴマペースト（タヒニ）　大さじ 2
- 醤油　大さじ 3
- 砂糖　小さじ 2
- 五香粉　小さじ 1/4
- 四川山椒粉　小さじ 1/2
- 準備したラー油　1/2 カップ
- ニンニク　2 片（非常に細かく刻んだもの）
- 麺から取り出した熱湯　1/4 カップ

麺と野菜の場合:

● 1 ポンドの生または乾燥した白い麺、中程度の太さ
● 葉物野菜 小束 1 束 （ほうれん草、チンゲンサイ、またはチョイサム）

組み立てるため：

● 刻んだピーナッツ （オプション）
● みじん切りネギ

手順：

a) 肉混合物を作るには: 中華鍋に小さじ 1 杯の油を中火で熱し、豚ひき肉を焼きます。甜麺醤、紹興酒、濃口醤油、五香粉を加えます。すべての液体が蒸発するまで調理します。脇に置いておきましょう。残りの小さじ 2 杯の油を中華鍋で中火で加熱し、スイミーヤサイ（野菜のピクルス）を数分間炒めます。脇に置いておきましょう。

b) ソースを作るには： ソースの材料をすべて混ぜ合わせます。味見をしてお好みで調味料を調整してください。お湯を多めに入れてほぐしたり、花椒の粉を加えたりすることもできます。

c) 麺と野菜を準備するには: パッケージの指示に従って麺を調理し、水を切ります。野菜を麺の湯で茹でて水を切ります。

d) ソースを 4 つのボウルに分け、次に麺と葉物野菜を加えます。調理した豚肉とスイミーヤチャイをその上に加えます。刻んだピーナッツ （オプション）とネギを振りかけます。

e) すべてを混ぜ合わせてお楽しみください。

90. 酸辣湯

材料：

● 4 オンスの骨なし豚ロース肉を 1/4 インチの厚さのストリップに切ります
● 濃口醤油 大さじ 1
● 干し椎茸 4 個
● 乾燥キクラゲ 8 個
● コーンスターチ 大さじ 1 と 1/2
● 無味米酢 1/4 カップ
● 薄口醤油 大さじ 2
● 砂糖 小さじ 2
● ラー油 小さじ 1
● 挽いた白コショウ 小さじ 1
● 植物油 大さじ 2
● 皮をむいた生姜のスライス 1 枚（約 4 分の 1 の大きさ）
● コーシャーソルト
● 低ナトリウムチキンスープ 4 カップ
● 4 オンスの木綿豆腐を洗い、1/4 インチの細切りに切ります
● 大きめの卵 1 個（軽く溶きほぐす）
● ネギ 2 本（飾り用）

手順：

a) ボウルに豚肉と黒大豆を入れて混ぜます。脇に置いておきましょう。

b) 両方のキノコを耐熱ボウルに入れ、沸騰したお湯を注ぎます。キノコが柔らかくなるまで約 20 分間浸します。マッシュルームウォーター 1/4 カップをガラス計量カップに注ぎ、脇に置きます。残りの液体を排出して廃棄します。しいたけは薄切り、きくらげは食べやすい大きさに切ります。両方のキノコを浸したボウルに戻し、脇に置きます。

c) コーンスターチが溶けるまで、保存しておいたキノコの液体にコーンスターチを入れてかき混ぜます。酢、薄口醤油、

砂糖、ラー油、白胡椒を砂糖が溶けるまで混ぜます。脇に置いておきましょう。

d) 水滴がジュウジュウと音を立てて接触すると蒸発するまで、中華鍋を中強火で加熱します。植物油を注ぎ、回して中華鍋の底を塗ります。生姜と塩ひとつまみを加えて油に味付けします。生姜を油の中で約 30 秒間、静かに渦巻きながらジュージューと音を立てるようにします。

e) 豚肉を中華鍋に移し、豚肉の色が消えるまで 3 分ほど炒めます。生姜を取り出して捨てます。だし汁を加えて沸騰させます。弱火にしてキノコを加えてかき混ぜます。豆腐を加えて混ぜ、2 分ほど煮る。コーンスターチ混合物を加えてかき混ぜ、熱を中火に戻し、スープが濃くなるまで約 30 秒間かき混ぜます。火を弱めて沸騰させます。

f) 溶き卵にフォークを浸し、ゆっくりとかき混ぜながらスープの中に入れます。

91. 豚粥

材料：

- 水 10 カップ
- ジャスミンライス 3/4 カップ、洗って水気を切る
- コーシャーソルト 小さじ 1
- 皮をむいたみじん切りの新生姜 小さじ 2
- ニンニク 2 片（みじん切り）
- 薄口醤油 大さじ 1、さらに盛り付け用
- 紹興酒 小さじ 2
- コーンスターチ 小さじ 2
- 6 オンスの豚ひき肉
- 植物油 大さじ 2
- 中国野菜の浅漬け、盛り付け用（お好みで）
- ねぎ生姜油（サービング用）（お好みで）
- 揚げラー油（お好みで）
- ごま油（お好みで）

手順：

a) 底の厚い鍋に水を沸騰させます。米と塩を加えて混ぜ、火を弱めて煮ます。蓋をして、米が柔らかいお粥のような粘稠度になるまで、時々かき混ぜながら約 1 時間半煮ます。

b) おかゆを調理している間に、中くらいのボウルに生姜、ニンニク、薄口大豆、酒、コーンスターチを入れて混ぜ合わせます。豚肉を加えて 15 分間マリネします。

c) 水滴がジュウジュウと音を立てて接触すると蒸発するまで、中華鍋を中強火で加熱します。植物油を注ぎ、回して中華鍋の底を塗ります。豚肉を加えて炒め、肉をほぐしながら約 2 分間炒めます。

d) カラメル化するまでかき混ぜずにさらに 1〜2 分間調理します。

e) スープボウルにおかゆを入れ、炒めた豚肉をトッピングします。お好みのトッピングを飾ります。

92. エビ、卵、ネギ入りチャーハン

材料：

- 植物油 大さじ 2
- コーシャーソルト
- 大きめの卵 1 個（溶きほぐす）
- エビ 1/2 ポンド（大きさは問わない）、皮をむき、背ワタを取り、一口サイズに切ります。
- 皮をむいて細かく刻んだ新生姜 小さじ 1
- 細かく刻んだニンニク 2 片
- 冷凍エンドウ豆とニンジン 1/2 カップ
- ネギ 2 本（薄くスライスし、分割する）
- 冷やご飯 3 カップ
- 無塩バター 大さじ 3
- 薄口醤油 大さじ 1
- ごま油 大さじ 1

手順：

a) 水滴がジュウジュウと音を立てて接触すると蒸発するまで、中華鍋を中強火で加熱します。植物油を注ぎ、回して中華鍋の底を塗ります。少量の塩を加えて油に味付けします。卵を加えて手早くかき混ぜます。

b) 卵を中華鍋の側面に押し付けて中央の輪を作り、エビ、生姜、ニンニクを一緒に加えます。エビを少量の塩で 2〜3 分間、透明でピンク色になるまで炒めます。エンドウ豆とニンジン、ネギの半分を加え、さらに 1 分間炒めます。

c) 大きな塊を砕きながらご飯を加え、裏返してすべての材料を混ぜ合わせます。1 分間炒め、中華鍋の側面にすべて押し込み、中華鍋の底に窪みを残します。

d) バターと薄口大豆を加え、バターを溶かして泡立て、全体を混ぜ合わせてコーティングします。約 30 秒間かけて仕上げます。

e) チャーハンを中華鍋に均等に広げ、約 2 分間中華鍋の上に置いたままにし、少しカリカリにします。ごま油を回しかけ、さらに少量の塩で味を調えます。大皿に移し、残りのネギを添えてすぐに提供します。

93. スモークトラウトチャーハン

材料：

● 大きな卵 2 個
● ごま油 小さじ 1
● コーシャーソルト
● 挽いた白胡椒
● 薄口醤油 大さじ 1
● 砂糖 小さじ 1/2
● ギーまたは植物油 大さじ 3 を分けて
● 皮をむいて細かく刻んだ新生姜 小さじ 1
● 細かく刻んだニンニク 2 片
● 冷やご飯 3 カップ
● 4 オンスのスモークトラウトを一口大に砕いたもの
● ロメインレタスの薄切りハート 1/2 カップ
● ねぎ 2 本（薄くスライス）
● 白ごま 小さじ 1/2

手順：

a) 大きめのボウルに卵を入れ、ごま油、塩、白こしょう各少々を加えて混ぜ合わせます。小さなボウルに薄口醤油と砂糖を入れてかき混ぜ、砂糖を溶かします。脇に置いておきましょう。

b) 水滴がジュウジュウと音を立てて接触すると蒸発するまで、中華鍋を中強火で加熱します。大さじ 1 杯のギーを注ぎ、中華鍋の底を覆うように回します。卵混合物を加え、耐熱性のスパチュラを使用して、卵を回して振って調理します。卵が乾燥していない状態で調理したら皿に移します。

c) 残りの大さじ 2 杯のギーを生姜とニンニクと一緒に中華鍋に加えます。ニンニクと生姜が香り立つまで手早く炒めますが、焦げないように注意してください。米と大豆の混合物を加え、混ぜ合わせます。約 3 分間炒め続けます。マスとゆで卵を加え、約 20 秒間炒めてほぐします。レタスとネギを加え、両方とも鮮やかな緑色になるまで炒めます。

d) お皿に移し、ごまを散らします。

94. スパムチャーハン

材料：

- 植物油　大さじ 1
- 皮をむいた生姜のスライス　2 枚
- コーシャーソルト
- スパム缶 1 缶（12 オンス）、1/2 インチの立方体に切る
- 白玉ねぎ 1/2 個、1/4 インチの立方体に切る
- 細かく刻んだニンニク　2 片
- 冷凍エンドウ豆とニンジン　1/2 カップ
- ネギ 2 本（薄くスライスし、分割する）
- 冷やご飯 3 カップ
- パイナップル缶詰 1/2 カップ、ジュースは取っておきます
- 無塩バター　大さじ 3
- 薄口醤油　大さじ 2
- シラチャ　小さじ 1
- ライトブラウンシュガー　小さじ 1
- ごま油　大さじ 1

手順：

a) 水滴がジュウジュウと音を立てて接触すると蒸発するまで中華鍋を中強火で加熱します。植物油を注ぎ、回して中華鍋の底を塗ります。生姜と少量の塩を加えて油に味付けします。生姜を油の中で約 30 秒間、静かに渦巻きながらジュージューと音を立てるようにします。

b) 角切りにしたスパムを加え、中華鍋の底全体に均等に広げます。スパムをひっくり返したりする前に、表面に焼き目を付けてください。スパムが黄金色になり、周囲がカリカリになるまで、5〜6 分間炒め続けます。

c) 玉ねぎとにんにくを加え、玉ねぎが透き通るまで約 2 分間炒めます。エンドウ豆とニンジン、ネギの半分を加えます。さらに 1 分ほど炒めます。

d) 米とパイナップルを加え、米の大きな塊をほぐし、裏返してすべての材料を混ぜ合わせます。1 分間炒め、中華鍋の側面にすべて押し込み、中華鍋の底に窪みを残します。

e) バター、取っておいたパイナップルジュース、薄口大豆、シラチャ、ブラウンシュガーを加えます。かき混ぜて砂糖を溶かし、ソースを沸騰させ、約 1 分間煮てソースを減らし、少しとろみをつけます。すべてを混ぜてコーティングします（約 30 秒）。

f) チャーハンを中華鍋に均等な層に広げ、ご飯を中華鍋の上に置き、わずかにカリカリになるまで約 2 分間放置します。生姜を取り出して捨てます。ごま油を回しかけ、さらに少量の塩で味を調えます。大皿に移し、残りのネギを飾ります。すぐにお召し上がりください。

95. ラップチュンとチンゲン菜の炊き込みご飯

材料：

- ジャスミンライス 1 と 1/2 カップ
- 4 ラップ チョン (中国のソーセージ) リンクまたはスペインのチョリソ
- チンゲン菜の頭 4 個、それぞれを 6 つのくさび形にスライスします。
- 植物油 1/4 カップ
- 小さなエシャロット 1 個（薄くスライス）
- 皮をむき、細かく刻んだ 1 インチの生の生姜片
- ニンニク 1 片（皮をむき、細かく刻む）
- 薄口醤油 小さじ 2
- 濃口醤油 大さじ 1
- 紹興酒 小さじ 2
- ごま油 小さじ 1
- 砂糖

手順：

a) 混合ボウルに米を入れ、冷水で 3〜4 回洗い、水の中で米を振り、でんぷんを洗い流します。お米を冷水にかぶせて 2 時間浸水させます。米を目の細かいふるいに通して水切りします。

b) 2 つのせいろとその蓋を冷水ですすぎ、1 つのかごを中華鍋に置きます。2 インチの水を注ぎます。または、水位が蒸し器の底縁から 1/4 から 1/2 インチ上に来るくらいの量の水を注ぎますが、水が蒸し器の底に触れるほど高くはありません。

c) お皿に寒冷紗を敷き、浸した米の半分を皿に盛ります。その上にソーセージ 2 本とチンゲンサイの半量を並べ、ご飯が膨らむ程度のスペースを確保して寒冷紗を緩めに縛ります。皿を蒸し籠に置きます。別の皿、チーズクロス、残りのソーセージとチンゲン菜を 2 番目の蒸し籠に入れて同じ手順を繰り返し、最初の蒸し籠の上に重ねて蓋をします。

d) 火を中火にして水を沸騰させます。米を 20 分間蒸し、水のレベルを頻繁にチェックし、必要に応じて追加します。

e) 米が蒸している間に、小さな鍋に植物油を入れ、煙が上がり始めるまで中火で加熱します。火を止めてシャロット、生姜、ニンニクを加えます。一緒にかき混ぜ、薄口大豆、濃口大豆、酒、ごま油、ひとつまみの砂糖を加えます。冷ますために置いておきます。

f) ご飯の準備ができたら、寒冷紗を慎重に解き、ご飯とチンゲンサイを大皿に移します。ソーセージを斜めに切り、ご飯の上に並べます。生姜醤油を添えてお召し上がりください。

96. 牛肉麺の スープ

材料：

● 3/4 ポンドの牛肉サーロインチップを繊維に沿って薄くスライス

● 重曹 小さじ 2

● 紹興酒 大さじ 4（割る）

● 薄口醤油 大さじ 4（割る）

● コーンスターチ 小さじ 2（割る）

● 砂糖 小さじ 1

● 挽きたての黒コショウ

● 植物油 大さじ 3（小分け）

● 中華五香粉 小さじ 2

● 皮をむいた生姜のスライス 4 枚

● 皮をむいて潰したニンニク 2 片

● ビーフスープ 4 カップ

● 乾燥中華麺 1/2 ポンド（種類を問わず）

● チンゲンサイ 2 個（4 等分）

● ねぎ生姜油 大さじ 1

手順：

a) 小さなボウルに牛肉と重曹を入れて混ぜ、5 分間放置します。牛肉を洗い、ペーパータオルで軽く叩いて水分を拭き取ります。

b) 別のボウルに牛肉を入れ、酒、薄口大豆、コーンスターチ、砂糖、塩、コショウを加えて和えます。マリネします。

c) ガラスの計量カップに残りの酒大さじ 3、薄口しょうゆ大さじ 3、コーンスターチ小さじ 1 を混ぜて置いておきます。

d) 水滴がジュウジュウと音を立てて接触すると蒸発するまで、中華鍋を中強火で加熱します。大さじ 2 杯の植物油を注ぎ、中華鍋の底を覆うように回します。牛肉と五香粉を加え、時々混ぜながらほんのり焼き色がつくまで 3～4 分煮る。牛肉を清潔なボウルに移し、脇に置きます。

e) 中華鍋をきれいに拭き、中火に戻します。残りの大さじ 1 杯の植物油を加え、中華鍋の底を覆うように回します。生姜、

ニンニク、塩ひとつまみを加えて油を味付けします。生姜と
ニンニクを油の中で約 10 秒間、静かにかき混ぜながらジュ
ウジュウと音を立てます。

f) 醬油混合物を注ぎ、沸騰させます。スープを注ぎ、再び沸
騰させます。弱火にして牛肉を中華鍋に戻します。10 分間
煮ます。

g) その間に、大きな鍋に水を入れて強火で沸騰させます。麺
を加え、パッケージの指示に従って調理します。中華鍋スキ
マーを使って麺をすくい、水を切ります。チンゲンサイを沸
騰したお湯に加え、鮮やかな緑色で柔らかくなるまで 2〜3
分間調理します。チンゲン菜をすくってボウルに入れます。
トングを使って、ネギ生姜油を麺に絡めます。麺とチンゲン
サイをスープボウルに分けます。

97. ガーリックヌードル

材料：

● 調理済みの新鮮な中華卵麺 1/2 ポンド
● ごま油 大さじ 2（分けて）
● ライトブラウンシュガー 大さじ 2
● オイスターソース 大さじ 2
● 薄口醤油 大さじ 1
● 挽いた白コショウ 小さじ 1/2
● 無塩バター 大さじ 6
● 細かく刻んだニンニク 8 片
● ねぎ 6 本（薄くスライス）

手順：

a) 麺にごま油大さじ 1 を加えて和えます。脇に置いておきましょう。

b) 小さなボウルに黒砂糖、オイスターソース、薄口しょうゆ、白コショウを入れてよく混ぜます。脇に置いておきましょう。

c) 中華鍋を中火にかけ、バターを溶かします。ニンニクとネギの半分を加えます。30 秒ほど炒めます。

d) ソースを注ぎ、バターとニンニクと混ぜ合わせます。ソースを煮立てて麺を加えます。麺に火が通るまでソースを絡めます。

98. シンガポールヌードル

材料：

● 乾燥ビーフン 1/2 ポンド
● 中エビ 1/2 ポンド（皮をむいて背わたを取り除いたもの）
● ココナッツオイル 大さじ 3（分割）
● コーシャーソルト
● 小さな白玉ねぎ 1 個、薄くスライスします
● ピーマン 1/2 個、細い千切りにする
● 赤ピーマン 1/2 個、細い千切りにする
● 細かく刻んだニンニク 2 片
● 解凍した冷凍エンドウ豆 1 カップ
● 1/2 ポンドの中華ローストポークを薄くスライスします
● カレー粉 小さじ 2
● 挽きたての黒コショウ
● ライム果汁 1 個
● 新鮮なコリアンダーの小枝 8〜10 本

手順：

a) 大きな鍋に水を入れて強火で沸騰させます。火を止めて麺を加えます。麺が透明になるまで 4〜5 分間浸します。麺をザルに慎重に取り除きます。麺を冷水で洗い、置いておきます。

b) 小さなボウルにエビを入れ、魚醤（使用する場合）で味付けし、5 分間放置します。魚醤を使いたくない場合は、代わりに塩ひとつまみを使ってエビに味付けしてください。

c) 水滴がジュウジュウと音を立てて接触すると蒸発するまで、中華鍋を中強火で加熱します。ココナッツオイル大さじ 2 を注ぎ、中華鍋の底を覆うように回します。少量の塩を加えて油に味付けします。エビを加え、3〜4 分間、またはエビがピンク色になるまで炒めます。清潔なボウルに移し、脇に置きます。

d) 残りの大さじ 1 杯のココナッツオイルを加え、中華鍋を覆うように回します。玉ねぎ、ピーマン、ニンニクを 3〜4 分間、玉ねぎとピーマンが柔らかくなるまで炒めます。エンドウ豆を加え、火が通るまでさらに約 1 分間炒めます。

e) 豚肉を加え、エビを中華鍋に戻します。カレー粉を加えて混ぜ、塩、こしょうで味を調える。麺を加えて混ぜ合わせます。他の具材と優しく混ぜ続けると、麺が鮮やかな黄金色に変わります。麺に火が通るまで、約 2 分間炒めて混ぜ続けます。

f) 麺を皿に移し、ライムジュースを注ぎ、コリアンダーを飾ります。すぐにお召し上がりください。

99. 白菜入り春雨

材料：

- 1/2 ポンドの乾燥サツマイモ麺または緑豆麺
- 薄口醤油 大さじ 2
- 濃口醤油 小さじ 2
- オイスターソース 大さじ 1
- 砂糖 小さじ 1
- 植物油 大さじ 2
- 皮をむいた生姜のスライス 2 枚
- コーシャーソルト
- 花椒 小さじ 1
- 白菜 小 1 個（一口大に切る）
- インゲン 1/2 ポンド（切り取って半分）
- ねぎ 3 本（粗みじん切り）

手順：

a) 大きめのボウルに麺を入れ、熱湯に 10 分間、または柔らかくなるまで浸して柔らかくします。麺をザルに慎重に取り除きます。冷水ですすぎ、脇に置きます。

b) 小さなボウルに薄口醤油、濃口醤油、オイスターソース、砂糖を入れて混ぜ合わせます。脇に置いておきましょう。

c) 水滴がジュウジュウと音を立てて接触すると蒸発するまで、中華鍋を中強火で加熱します。油を注ぎ、回して中華鍋の底をコーティングします。生姜、少量の塩、四川山椒を加えて油に味付けします。生姜を油の中で約 30 秒間、静かに渦巻きながらジュージューと音を立てるようにします。生姜とコショウの実をすくって捨てます。

d) 中華鍋に白菜とインゲンを加え、野菜がしおれるまで裏返しながら 3〜4 分炒めます。ソースを注ぎ、混ぜ合わせます。

e) 麺を加えてソースと野菜と混ぜ合わせます。蓋をして中火に下げます。2〜3 分間、または麺が透明になり、インゲンが柔らかくなるまで調理します。

f) 熱を中火に上げ、中華鍋の蓋を開けます。ソースが少し濃くなるまで、さらに 1〜2 分間炒め、混ぜたり、すくったりします。お皿に移し、ねぎを飾ります。温かいままお召し上がりください。

100. 客家麵

材料：

- 3/4 ポンドの生小麦粉ベースの麺
- ごま油 大さじ 3（小分け）
- 薄口醤油 大さじ 2
- 米酢 大さじ 1
- ライトブラウンシュガー 小さじ 2
- シラチャ 小さじ 1
- ラー油 小さじ 1
- コーシャーソルト
- 挽いた白胡椒
- 植物油 大さじ 2
- 皮をむいて細かく刻んだ新生姜 大さじ 1
- 緑キャベツ 1/2 個（千切り）
- 赤ピーマン 1/2 個、薄切りにします
- 赤玉ねぎ 1/2 個、縦に薄くスライスする
- 皮をむき、千切りにした大きなニンジン 1 本
- 細かく刻んだニンニク 2 片
- ねぎ 4 本（薄くスライス）

手順：

a) 鍋に湯を沸かし、麺を袋の表示通りに茹でます。水を切り、洗い、ごま油大さじ 2 を加えます。脇に置いておきましょう。

b) 小さなボウルに、薄口醤油、米酢、黒糖、シラチャ、ラー油、塩と白コショウ各ひとつまみを入れて混ぜます。脇に置いておきましょう。

c) 水滴がジュウジュウと音を立てて接触すると蒸発するまで、中華鍋を中強火で加熱します。植物油を注ぎ、回して中華鍋の底を塗ります。生姜と少量の塩を加えて油に味付けします。生姜を油の中で約 10 秒間、静かに渦巻きながらジュージューと音を立てるようにします。

d) キャベツ、ピーマン、玉ねぎ、にんじんを加え、4〜5 分間、または野菜が柔らかくなり、玉ねぎがわずかに飴色になり始めるまで炒めます。にんにくを加え、香りが出るまでさらに 30 秒ほど炒めます。ソース混合物を加えてかき混ぜ、沸騰させます。火を中火にし、ソースを 1〜2 分間煮ます。ねぎを加えて混ぜ合わせます。

e) 麺を加えて混ぜ合わせます。火を中火に上げ、1〜2 分間炒めて麺に火を入れます。お皿に移し、残りのごま油大さじ 1 を回しかけ、温かいうちにお召し上がりください。

結論

『**自宅でテイクアウト**』は単なる料理本ではなく、多様で風味豊かな中華料理の世界を巡る旅です。この料理本には、美しい色の画像が付いた 100 の食欲をそそるレシピが掲載されており、お気に入りのテイクアウト中華料理を自宅で再現するためのインスピレーションとガイダンスが提供されます。

さまざまなレシピを探求すると、中華料理の大胆で複雑な味の背後にある秘密がわかります。また、家庭料理を次のレベルに高めるために、伝統的な中国の食材とテクニックを使用する方法も学びます。

この料理本を読み終える頃には、中華料理の芸術とそれがもたらす無限の可能性に対する新たな認識を獲得していることでしょう。ディナーのゲストを感動させたい場合でも、単に家族と一緒においしい食事を楽しみたい場合でも、**自宅でテイクアウト** は何度も利用する貴重なリソースとなるでしょう。

Milton Keynes UK
Ingram Content Group UK Ltd.
UKHW020605140823
426834UK00006B/24